Esther & Jerry Hicks

O extraordinário Poder da Intenção

SEXTANTE

Título original: *The Amazing Power of Deliberate Intent*

Publicado originalmente pela Hay House, Inc., Califórnia, EUA.
Sintonize a programação da Rádio Hay House em:
www.hayhouseradio.com

tradução
Sonia Schwarts
preparo de originais
Regina da Veiga Pereira
revisão
José Tedin Pinto
Masé Sant'Anna
Sérgio Bellinello Soares
projeto gráfico e diagramação
Valéria Teixeira
capa
Raul Fernandes
pré-impressão
ô de casa
impressão e acabamento
Cromosete Gráfica e Editora Ltda.

CIP-BRASIL. CATALOGAÇÃO-NA-FONTE
SINDICATO NACIONAL DOS EDITORES DE LIVROS, RJ

A139d Abraham (Espírito)
O extraordinário poder da intenção / [ditado por Abraham a] Esther & Jerry Hicks [tradução de Sonia Schwarts]. – Rio de Janeiro: Sextante, 2008.

Tradução de: The amazing power of deliberate intent
ISBN 978-85-7542-393-6

1. Espiritismo. 2. Obras psicografadas. I. Hicks, Esther. II. Hicks, Jerry. III. Título.

CDD 133.93
08-1324 CDU 33.9

GMT Editores Ltda.
Rua Voluntários da Pátria, 45 – Gr. 1.404 – Botafogo
22270-000 – Rio de Janeiro – RJ
Tel.: (21) 2286-9944 – Fax: (21) 2286-9244
E-mail: atendimento@esextante.com.br
www.sextante.com.br

Este livro é dedicado à longa lista de professores que estão entusiasticamente compartilhando nosso primeiro livro *Peça e será atendido* com centenas de milhares de pessoas por todo o mundo. E especialmente à incrível diversidade de poderosos professores que aprovaram nossos livros. Sua disposição de acrescentar seus muito respeitados nomes ao nosso trabalho ajudou a colocar os ensinamentos de Abraham disponíveis para aqueles que estão pedindo o que esses trabalhos oferecem.

Sumário

Prefácio

POR LOUISE L. HAY,
autora de *O poder das afirmações positivas*

Quando os alunos estão prontos, o professor aparece!

Nesse mistério chamado vida, estamos continuamente buscando respostas. Sempre queremos assumir o controle do nosso destino, sem saber como. Procuramos continuamente aliviar todos os tipos de medo que nos assustam e ameaçam.

Este livro trata de tudo isso, trazendo extremo conforto para nossos medos e preocupações. Ele responde às nossas perguntas e oferece um processo fácil para ultrapassar dificuldades e alcançar um novo nível de qualidade de vida.

Creio que os professores conhecidos como Abraham, apresentados no primeiro livro dos autores, *Peça e será atendido*, situam-se atualmente entre os melhores do planeta. Suas palavras certamente expandiram minha própria perspectiva sobre a vida. Sou profundamente grata a Esther e Jerry Hicks pelo tempo que dedicaram a nos trazer estes ensinamentos. Há um momento e uma época certos para expandir nossa sabedoria, e esse momento é agora. *Você* está sendo abençoado e será fortalecido por ter este livro em suas mãos.

Conheço Abraham e os Hicks há vários anos. A primeira vez em que ouvi as palavras de Abraham, senti uma profunda conexão. *Este é um excelente professor*, pensei. E, quanto mais fui exposta aos seus ensinamentos, mais forte se tornou minha convicção.

Convivendo com Jerry e Esther, fiquei impressionada ao constatar como eles praticam aquilo que ensinam. São duas pessoas alegres, otimistas, que aprendem sempre com a própria experiência. Eles se amam e amam a vida de uma forma extraordinária, fazendo enorme bem aos que os cercam.

Peça e será atendido foi considerado "um marco editorial que oferece um modelo para a compreensão e a construção do próprio destino".

Este livro, o terceiro da série, aprofunda esses ensinamentos. Ele reforça a autoconfiança e fornece inúmeras ferramentas para ajudar-nos a cuidar de qualquer situação que surja pelo caminho. Você aprenderá que pode realizar qualquer coisa que deseja e começará a praticar a Arte da Permissão. E passará a viver com a alegria com que sempre sonhou.

Sugiro que você faça como eu: mantenha este livro, assim como *Peça e será atendido* e *A Lei Universal da Atração*, em sua mesa-de-cabeceira e procure lê-los de manhã e à noite. Seu sono será mais tranqüilo, e você começará seus dias permitindo que apenas o bem entre em sua vida. Ao fazer isso, você vai sentir uma profunda paz e imensa alegria.

Apresentação

POR JERRY HICKS

Você pensa de vez em quando nos acontecimentos ou nas pessoas que foram decisivos para o seu crescimento e realização?

Você relembra aquele momento em que tomou consciência do que queria na vida e no qual sentiu um impulso poderoso que o fez ir atrás do seu desejo?

Você às vezes pensa com gratidão nas pessoas, livros e circunstâncias aparentemente fortuitas que lhe ofereceram palavras ou proporcionaram experiências transformadoras?

Dê a essas experiências o nome de *momentos decisivos, encruzilhadas, sinais de aviso* ou até mesmo *pontos de referência*. Elas lhe trouxeram uma intensa sensação de Bem-Estar e sobretudo provocaram efeitos duradouros e positivos na sua vida.

Começo a escrever esta apresentação depois de termos, Esther e eu, dado um seminário em Asheville, na Carolina do Norte. Sinto uma intensa alegria por realizar um trabalho que me dá tanto prazer. Estou escrevendo com a intenção de lhe oferecer algumas práticas para colocar em uso os ensinamentos de Abraham.

Sabemos perfeitamente que palavras *não ensinam; é a experiência que ensina*. Embora um livro seja feito de *palavras*, as que você vai ler aqui promoverão descobertas, abrindo novas perspectivas de vida e se transformando em crenças que irão gerar novas e alegres experiências. Estas, por sua vez, alargando seus horizontes, facilitarão o caminho em busca da felicidade que você vem pedindo.

Espero que este livro se torne um daqueles tesouros preciosos, um guia esclarecedor para tudo aquilo que você quer ser, fazer ou ter. Se a única percepção que ele lhe passar for a de que *você cria a sua própria verdade*, e se você adquirir a crença no incrível poder do pensamento, o livro terá cumprido seu objetivo.

Li há muitos anos algo escrito por um dos mais prestigiados gênios do século XX. Ele dizia: "A maioria dos seres humanos utiliza menos de 1% de seu verdadeiro potencial... Noventa e nove por cento do potencial para ser, fazer ou ter permanecem inexplorados." Este livro que você tem nas mãos revelará os processos dinâmicos para uma maior utilização desse potencial não explorado. Você já pensou em quanto potencial de alegria ainda existe dentro de você? Já se deu conta de que, mesmo durante seus momentos mais felizes, você poderia estar vivenciando uma alegria muito maior?

Por mais magnífico que seu corpo lhe pareça, por melhor desempenho que tenha, você sabe que ele seria capaz de se aperfeiçoar ainda mais. E, quando se lembra dos maravilhosos relacionamentos que construiu durante a vida, você percebe que deve haver muitos outros com inúmeras pessoas interessantes esperando que você as atraia para a sua experiência.

Mais adiante você vai conhecer Abraham – "os professores de professores", como eles se chamam. Nós nos referimos a eles no plural porque são uma Consciência Coletiva. Quando conheci Abraham, há duas décadas, o que mais me atraiu foi a idéia de que eles poderiam me ensinar o que eu mais queria aprender: *como ajudar os outros a alcançar um maior sucesso financeiro.*

Antes disso eu morava em um trailer e lera no livro clássico de Napoleon Hill, *Pense e enriqueça*, a seguinte afirmação: "Quando a riqueza começa a chegar, vem tão rapidamente e com tanta abundância que nos perguntamos onde ela estava se escondendo..."

Pense e enriqueça certamente me deu o que eu vinha pedindo. Depois de praticar fielmente os princípios apresentados no livro, minha vida financeira evoluiu de tal forma que decidi compartilhar o que aprendera com o maior número de pessoas possível. No entanto, passados alguns anos, percebi que apenas alguns dos meus "alunos" tinham desenvolvido negócios realmente rentáveis. A maioria alcançara um modesto sucesso, e outros simplesmente não progrediram, por mais que tivessem tentado.

Comecei então a procurar meios para poder ajudar mais pessoas a realizar seus desejos. Foi a partir de nossos "pedidos" que Esther e eu tivemos acesso aos ensinamentos de Abraham.

Se você quiser saber com mais detalhes o que é Abraham ou como os conhecemos, procure essa informação em nosso livro *Peça e será atendido*. Em resumo, é o seguinte:

Esther e eu vínhamos meditando diariamente para acalmar nossas mentes e receber respostas para nossas perguntas. Depois de nove meses de meditação diária, aconteceu algo surpreendente. A cabeça da Esther começou a se movimentar metodicamente, e nós descobrimos que seu nariz estava escrevendo letras que formavam a frase "EU SOU ABRAHAM...".

Como já disse, Abraham é uma Consciência Coletiva. Comecei imediatamente a fazer perguntas, e Abraham passou a respondê-las. No início, desenhando palavras com o nariz de Esther; mais tarde, ela passou a registrar por escrito os blocos de pensamento de Abraham e alguns meses depois começou a expressar com palavras os pensamentos que recebia deles.

Como também já disse, meu desejo era encontrar maneiras eficazes de ensinar os outros a alcançar mais sucesso em suas vidas, e para isso dávamos palestras e ministrávamos seminários com o objetivo de transmitir ensinamentos e técnicas. Inicialmente o método que Abraham nos oferecia me pareceu estranho. Esther tinha uma visão mais simples e concreta: para ela, bastava que os princípios provassem ser bons quando colocados em prática.

No início, minha mulher resistiu um pouco. Passava as mensagens de Abraham de forma tensa, numa postura rígida. Aos poucos, passou a atender os milhares de pessoas que vinham em busca das respostas de Abraham de um modo mais relaxado, com um tom de voz natural.

Mais um ponto antes de concluir esta apresentação: se você já leu um de nossos livros anteriores, aprendeu que Abraham afirma que o objetivo de nossa experiência física na Terra é alcançar alegria e bem-estar. Abraham ensina que tudo aquilo que queremos ou fazemos ocorre apenas porque acreditamos que, ao alcançarmos o que desejamos, nos sentiremos melhor do que antes... e Abraham afirma que não há nada mais importante do que nos sentirmos bem.

Abraham também nos ensina que o sucesso não é medido pelas coisas físicas que conseguimos. Eles nos dizem que o sucesso é avaliado pelo grau de alegria que vivenciamos durante nossa jornada ao longo desta vida. Por isso, de acordo com os ensinamentos de Abraham, para saber se alguém é bem-sucedido você deve prestar atenção na quantidade de alegria que essa pessoa está vivenciando no momento.

Talvez você já tenha descoberto que riqueza, saúde, relacionamentos ou bens materiais não trazem necessariamente felicidade. Mas ficará surpreso ao aprender que, *se tiver a Intenção Deliberada de procurar e manter o seu equilíbrio vibrátil no caminho da alegria,* você estará atraindo tudo o que desejar ser, fazer ou ter – e assim irá construindo a sua felicidade. É o que este livro vai procurar lhe ensinar.

Há duas décadas, Esther e eu temos usado os ensinamentos de Abraham para construir nossos alegres relacionamentos. Com as práticas que aprendemos, conseguimos atrair uma equipe de funcionários brilhantes, agradáveis e extremamente capazes de fazer evoluir a filosofia que procuramos transmitir.

Nossa saúde está ótima. É claro que de vez em quando ocorrem problemas físicos, mas eles são rapidamente solucionados quando voltamos para o equilíbrio de Energia. E nossa situação financeira progrediu mais ainda.

Acima de tudo, Esther e eu nos sentimos extremamente felizes.

Anualmente percorremos quase 60 cidades dos Estados Unidos dando seminários sobre a Arte da Permissão para milhares de pessoas. No ônibus que nos leva a todos esses lugares está escrito em letras bem grandes e bonitas: A VIDA DEVE SER DIVERTIDA.

É tudo isso que queremos compartilhar com você. Mantenha sempre este livro ao alcance da sua mão, leia-o lentamente, absorvendo as mensagens, parando e refletindo sobre elas. Volte a relê-lo muitas vezes, um pequeno trecho a cada dia. Nossas estruturas internas são muito rígidas e exigem um trabalho continuado e persistente para mudar. Mas, à medida que os ensinamentos de Abraham forem sendo absorvidos e transformados em novas atitudes, você será abençoado pela profunda paz e imensa alegria que é capaz de experimentar. Nós lhe garantimos isso, pois foi o que nos aconteceu e o que vimos acontecer com inúmeras pessoas.

Com todo o meu carinho,

JERRY

[Como nem sempre existem palavras físicas para transmitir perfeitamente os pensamentos Não-Físicos que Esther recebe, ela, às vezes, forma novas combinações de palavras ou as usa dando uma ênfase especial (por exemplo, escrevendo palavras com letras maiúsculas) para expressar novas maneiras de olhar a vida.]

Introdução a Abraham

POR ESTHER HICKS

Olá! Meu nome é Esther e sou a mensageira da vibração de Abraham. Eles me explicaram que tenho o dom de receber suas intenções vibráteis em um nível inconsciente e transmiti-las em palavras. Dessa forma, ligo o mundo físico, no qual estou concentrada, ao mundo Não-Físico, onde eles estão concentrados.

Quando Abraham oferece um bloco de pensamentos, eu me esforço ao máximo para encontrar as palavras físicas que melhor descrevam seus significados. Tem sido uma experiência maravilhosa! Consigo experimentar o amor, o poder e a alegria que Abraham sente quando eles falam através de mim. Quase diariamente recebemos convites de algum ponto do mundo para apresentarmos mais um seminário Abraham-Hicks, e nossa agenda de eventos cresce a cada ano.

Nosso objetivo é levar a mensagem de Abraham ao maior número possível de pessoas, para que ela possa continuar se expandindo. Nada nos dá mais prazer do que estar em uma sala lotada de participantes ansiosos para fazer perguntas a Abraham.

Comprovamos a melhoria na vida das pessoas que adotam as práticas ensinadas por Abraham e a constatamos sobretudo em nossa própria vida. Sempre que Abraham oferece qualquer tipo de sugestão, Jerry e eu fazemos o possível para compreendê-la e aplicá-la. Os resultados são altamente satisfatórios. Considero nossa vida maravilhosa e sinto a segurança que vem da compreensão de que nós *de fato* criamos nossas próprias realidades. Por isso, quero que todos conheçam o que já descobrimos.

Ao fechar os olhos e relaxar, para começar a receber o que eu sabia que seria um outro livro maravilhoso, Abraham me disse: *Esther, essas palavras fluirão facilmente. Muitas pessoas estão lendo* Peça e será atendido *e* A Lei Universal da Atração, *e suas perguntas já estão chegando a nós. Por isso, o texto deste livro, embora diferente, é uma continuação dos outros dois e fluirá facilmente para você. Usufrua esse processo. Agora, vamos começar...*

Capítulo 1

Uma nova maneira de olhar a vida

É Abraham quem fala:

Ao contrário do que muitos de nossos amigos físicos acreditam, a vida no planeta Terra está no auge... e melhorando a cada dia! Essa poderosa afirmação baseia-se na nossa observação das complexas características da vida na Terra, na nossa sabedoria das poderosas Leis do Universo e no nosso entendimento de que todas as coisas estão em eterna expansão e aperfeiçoamento.

Muitas vezes as pessoas reclamam sobre a vida moderna, saudosas de épocas anteriores, ansiando por retornar às situações antigas. Nós nunca olhamos para o passado em busca de tempos melhores porque compreendemos que tanto o que está acontecendo agora quanto o que virá a seguir sempre conterá o melhor que a vida tem a oferecer.

As pessoas freqüentemente se equivocam quanto a seus papéis nesse magnífico processo de eterna expansão. Elas se consideram insignificantes no esquema maior das coisas. Algumas acreditam que Deus, ou algum Poder Superior, criou tudo e que elas estão no planeta Terra trabalhando apenas para alcançar um estado mais divino ou para obter a aprovação Dele. Outras decidiram que não existe Deus e por isso não se esforçam para contribuir para o bem dos outros.

A partir de um ponto de observação Não-Físico mais amplo, compreendemos o poder, o *propósito* e o valor do ser humano, da mente humana e do pensamento humano. Compreendemos o valor e o propósito da variedade e dos contrastes em que vocês vivem. Sentimos a clareza que nasce quando vocês focalizam a atenção no ambiente que os cerca e admiramos a expansão do pensamento que resulta da exposição às suas experiências de vida. Compreendemos a criação – e compreendemos o poder do pensamento.

Engana-se quem pensa que vocês estão aqui, em seus corpos físicos, esforçando-se para alcançar o Não-Físico, como se fossem duas coisas distintas. É um engano. Vocês não estão separados do Não-Físico. São uma extensão dessa Energia Não-Física. Vocês não se encontram aqui no planeta Terra tentando voltar ao que é Não-Físico. Estão, ao contrário, chamando o Não-Físico externo para o lugar onde se encontram. E, ao chamá-lo, *tudo o que existe* se expande. É o chamado e o pedido de vocês que causam a expansão.

Toda e qualquer preferência sua é ouvida e atendida

Ao viver sua vida e ao tomar consciência da diversidade de elementos que existem no ambiente que o cerca, suas preferências pessoais vão se esclarecendo naturalmente. Às vezes essas preferências são claras e conscientes, e você as expressa como desejos. Mas às vezes elas são sutis e não se traduzem em palavras, porque acontecem em muitos níveis do seu Ser. Até mesmo as células do seu corpo vivenciam a diversidade e definem as próprias preferências. Na realidade, tudo ao seu redor está pulsando. São consciências ativas que vivenciam contrastes e possuem preferências. E essas preferências ativas e pulsáteis possuem o poder de chamar e convocar.

Em termos mais simples, gostamos de afirmar: *quando pede, você é atendido. Você sempre é atendido.* Sem exceções. Vamos repetir para reforçar em você essa convicção: *Quando qualquer pessoa ou qualquer coisa pede, ela sempre recebe.* E assim se dá a expansão do Universo.

Você é um poderoso Criador de Vanguarda

Vocês estão na Vanguarda do pensamento, da experiência e da expansão. Tomem consciência disso. Queremos que se lembrem de *tudo* o que são. Vocês não são seres inferiores que precisam de esclarecimento. Vocês não são partículas insignificantes em um vasto e infinito Universo. Vocês não são crianças desorientadas ou esquecidas tentando encontrar o caminho de casa. Vocês são os poderosos Criadores de Vanguarda, navegando na mais significativa onda de expansão já ocorrida. Queremos que tomem consciência disso para que o período vivido nesse corpo físico possa ser de intencional e consciente alegria!

Capítulo 2

A vida no planeta Terra continua a melhorar

Cada geração que vive na Terra se beneficia das experiências das gerações anteriores. Essa afirmação pode parecer um tanto óbvia, mas tenha certeza de que ela é muito mais poderosa do que se imagina.

Pense na Lei da Atração (*coisas e vibrações semelhantes se atraem*) e lembre-se de que tudo o que existe na realidade física existe por causa de um pedido direcionado a partir dessa realidade. Você começa a perceber então a importância de todos aqueles que o antecederam e que pediram – pediram respostas para perguntas, soluções para problemas, melhorias para situações e a realização de desejos.

Viver a diversidade e os contrastes, definir a preferência e direcionar o desejo – é isso que produz a Energia Criativa do Universo e faz toda a vida evoluir.

Há uma grande satisfação na Criação Intencional

Já falamos sobre o processo do Exercício Criativo e explicamos que você é o criador da sua própria experiência. Muitos começam a tomar consciência da relação entre o que estão pensando, a sensação trazida por esse pensamento e o que se manifesta em resposta ao pensamento. As pessoas que se aprofundam no estudo da Criação Intencional e procuram praticá-la deliberadamente encontram uma imensa satisfação ao perceberem isso.

Ficamos felizes quando vemos nossos amigos físicos direcionarem intencionalmente seus pensamentos, observarem as reações emocionais provocadas por esses pensamentos e irem se tornando capazes de criar experiências de vida mais agradáveis. Há uma imensa satisfação na realização disso.

Ficamos também felizes ao ver que quando nossos amigos físicos vivem situações indesejadas, eles podem deliberadamente modificar seus focos de atenção e alterar assim a maneira como se sentem. Ao fazer isso, mudam seus pontos de atração e recebem resultados diferentes e mais agradáveis.

Fiquem sabendo: *concentrar-se intencionalmente* significa *criar intencionalmente*. Há uma imensa satisfação em criar *intencionalmente* resultados agradáveis. É extremamente prazeroso trocar a condição do próprio corpo da doença para a saúde. É prazeroso atrair mais dinheiro para a aquisição de coisas necessárias. É prazeroso trocar relacionamentos infelizes por outros mais felizes, morar em casas novas e dirigir carros novos. É agradável exercer controle sobre todos os mecanismos físicos da própria experiência de vida.

A Arte de Permitir a sua Intenção Deliberada

Há pouco tempo incentivamos Jerry e Esther a trocarem o nome de seus seminários de "A Ciência da Criação Intencional" para "A Arte da Permissão". Fizemos isso porque criar intencionalmente significa de fato "permitir" a conexão pessoal com o Fluxo de Bem-Estar e com tudo aquilo que você considera bom. Em vez de dar tanta importância aos *resultados*, preferimos valorizar o *processo*.

É claro que a Criação Intencional traz resultados desejados e que é maravilhoso possuir as coisas boas que se quer. Mas a vida está ligada sobretudo ao *processo* para atingir o resultado.

Vamos dar um exemplo. Você começa a sentir uma leve insatisfação com seu carro atual. Dentre a diversidade de carros à sua escolha, passa a definir suas preferências. Você se alinha com a idéia e as características do carro desejado e toma consciência do movimento de forças e situações para possibilitar a aquisição. Tudo isso faz parte do processo que leva a um resultado: o novo carro.

O mesmo se aplica a qualquer outra coisa, seja um objeto ou uma situação. A vida está sempre fluindo para você e através de você. Perceber isso de forma intencional e consciente é o máximo da verdadeira vivência.

O resultado final alcançado é uma manifestação. Administrar e manter seu equilíbrio vibrátil *conscientemente* significa *viver de maneira intencional.* Isso é de fato o que chamamos de viver a Arte da Permissão.

Se o que dizemos ainda está lhe parecendo um pouco obscuro, siga em frente. Você vai entender.

O extraordinário Poder da Intenção

Este livro tem como objetivo fazer você compreender a importância de ter uma Intenção Deliberada em relação a um resultado e mostrar-lhe como cuidar do equilíbrio da sua Energia ao longo do caminho. Enfatizamos mais a necessidade de equilibrar sua Energia do que estabelecer metas ou direcionar sua atenção para resultados finais.

Quando começar a compreender e a efetivamente praticar os procedimentos que oferecemos aqui, além de conquistar os objetivos desejados você usufruirá todos os passos ao longo do caminho – o processo para atingir os resultados. Em vez de longos períodos de tédio entre ocasionais momentos de satisfação temporária ao obter alguma coisa desejada, sua vida será uma permanente jornada de alegria.

Capítulo 3

A morte como um outro novo começo

As pessoas, em sua maioria, não sabem ao certo quem realmente são. Não sabem também de onde vieram nem para onde estão indo, e sobretudo não sabem por que se encontram no planeta Terra.

Queremos lhe oferecer a nossa percepção de quem você é – e de como se encaixa na conjuntura mais ampla de *tudo o que existe* – porque compreendemos o quanto essa perspectiva pode ser importante para você. Quando souber quem é, de onde veio e para onde está indo, o seu poderoso *agora* ficará infinitamente mais agradável.

Talvez a melhor maneira de entender a totalidade do seu Ser seja começando com uma discussão sobre a sua morte física. Se você vê "a morte" como o "fim" de sua experiência de vida, essa abordagem poderá lhe parecer um pouco estranha. Mas nós não vemos a experiência que você chama de "morte" como o fim de qualquer coisa, porque você é um Ser Eterno e, portanto, sem fim.

Assim como o que você chama de "morte" não é o fim da sua experiência de vida, o que você chama de "nascimento" não foi o começo. Você é a Consciência Eterna se expressando em um infinito e glorioso movimento de Consciência. Você jamais cessará de ser.

Quando uma pessoa passa pela experiência que vocês chamam de "morte física" (tomamos o maior cuidado com este termo, pois a *morte* não existe), ela desvia a sua Consciência do poderoso foco conhecido como sua personalidade física e a direciona totalmente para o âmbito Não-Físico. No momento dessa mudança de foco, deixa para trás todos os sentimentos de inferioridade, todas as dúvidas, todas as preocupações, todo o ódio, toda a raiva e *ressurge na alegre e pura perspectiva da Energia Positiva que é de fato quem vocês são.*

Quando vocês tomam a decisão de vir ao mundo em um corpo físico, somente uma parte da Consciência que vocês são fica temporariamente focalizada nesse corpo. Quando experimentam a "morte física", essa Consciência focalizada é retirada do plano físico e redirecionada para o Não-Físico.

Vocês estão aqui com uma Intenção Deliberada

Quando vocês nascem na Terra, há uma Intenção Deliberada de lançar a Consciência nessa realidade tempo-espaço – e é com grande entusiasmo que vocês vêm ao mundo em seus corpos. Vocês estão repletos de ansiosa expectativa por vários motivos:

- Vocês sabem que são Seres Eternos.
- Vocês compreendem o valor do seu Ser.
- Vocês têm plena consciência de quem são.
- Vocês não duvidam do seu valor ou do seu mérito.
- Vocês sabem que estão entrando em um ambiente estável.
- Vocês sabem que o Bem-Estar é a ordem dominante nesse ambiente.
- Vocês sabem que este é um ambiente com uma enorme variedade de elementos interessantes.
- Vocês compreendem as Leis do Universo e a base da criação.
- Vocês são excelentes criadores e sabem disso.

- Vocês gostam da experiência da criação.
- Vocês sabem que são bons nessa experiência.
- Vocês compreendem e apreciam a Lei da Atração.
- Vocês conhecem a consistência dessa Lei.
- Vocês estão ansiosos para entrar na nova dimensão, para que o ambiente que os cerca possa inspirar suas novas preferências pessoais e seus novos desejos.
- Vocês apreciam a sensação de ter um novo desejo.
- Vocês compreendem a resposta universal ao seu novo desejo.
- Vocês gostam da sensação do desejo invadindo todo o seu ser.
- Vocês compreendem que essa sensação de desejo é a sensação de vida.
- Vocês não se preocupam com a diversidade e o contraste porque compreendem seu propósito.
- Vocês sabem que é através da sua interação com o contraste e com a variedade que seus desejos serão formulados.
- Vocês não vieram ao mundo esperando concluir qualquer coisa, porque sabiamente lembram que sua natureza é eterna.
- Vocês sabem que a Vida irá eternamente se expandir e que não é o objetivo de vocês – ou o objetivo de qualquer pessoa – completá-la ou acabá-la.
- Vocês compreendem que a diversidade fará com que definam suas preferências e expressem seu pedido.
- Vocês sabem que, quando pedem, são sempre atendidos.
- Vocês sabem que a variedade e o contraste os farão determinar

as características das suas preferências pessoais e que cada uma dessas preferências, grandes ou pequenas, serão atendidas no momento em que vierem a este mundo.

Vocês vieram aqui esperando produzir novos desejos

Queremos ajudar vocês a recuperar o entusiasmo, a alegria e a esperança que sentiam quando entraram nesse corpo físico e nessa realidade tempo-espaço. Vocês não vieram ao mundo para consertar alguma coisa quebrada nem para ajudar a redirecionar um mundo sem rumo. Vocês não vieram ao mundo para provar o seu próprio mérito nem para receber um prêmio por seus esforços enquanto estão aqui nesse corpo. Vocês vieram com plena sabedoria do seu valor, do seu mérito e da perfeição dos mundos, o físico e o Não-Físico. Vieram para um ambiente cheio de contrastes, sabendo que eles produziriam novos desejos – desejos com o poder de convocar a *Energia*, a *Consciência* e *tudo o que existe* para essa nova Vanguarda de criação.

E, sobretudo, vocês sabiam (e a sua parte Não-Física ainda sabe) que a razão para tudo isso é a *alegria!*

Capítulo 4

Você é a extensão vibrátil do Não-Físico

Se você for como a maioria de nossos amigos físicos, você não se conhece tão bem quanto nós o conhecemos. Você vê a sua natureza física – a sua carne, o seu sangue e os seus ossos. Nós reconhecemos que você é tudo isso, mas sabemos que você é mais do que a manifestação física que chama de corpo. Conhecemos você como *Consciência*, como *Vibração* e como uma extensão do Fluxo de Energia da Fonte.

Você é muito mais *Vibração* e *Energia* do que o Ser físico que reconhece como sendo você. É preciso se ver como um Ser Vibrátil para reconhecer o continuum de Energia Vibrátil que você de fato é. Só quando tomar *consciência* desse continuum é que poderá entender o verdadeiro motivo para se encontrar aqui nesse corpo e usufruir o processo que está vivendo.

Muitas vezes as pessoas ficam confusas quando tentam se ver como *Vibração* ou como *Energia*, porque estão acostumadas a observar apenas as manifestações físicas dessas vibrações. Como você está cercado pelas características físicas do mundo, é fácil se envolver de tal forma nos resultados das vibrações que acaba esquecendo que as vibrações é que são responsáveis por esses resultados.

As emoções indicam o seu alinhamento com a Fonte

É bem possível que você não saiba, mas seu corpo físico nasceu com intérpretes vibráteis preciosos e sofisticados que você usa para definir a sua realidade física. Você vive em um mundo vibrátil, e tudo o que percebe decorre da sua habilidade de interpretar a vibração:

- Seus olhos interpretam a vibração, e por isso você tem o sentido da visão.
- Seus ouvidos interpretam a vibração, e por isso você tem o sentido da audição.
- Seu nariz interpreta a vibração, e por isso você tem o sentido do olfato.
- Sua pele interpreta a vibração, e por isso você tem o sentido do tato.
- Sua língua interpreta a vibração, e por isso você tem o sentido do paladar.

Da mesma forma como utiliza seus sentidos físicos para interpretar sua experiência na vida física, você nasceu com outros *intérpretes vibráteis preciosos e sofisticados aos quais dá o nome de* emoções. São elas que o ajudam a entender as experiências que está vivendo.

Em todos os momentos as suas emoções lhe fornecem uma indicação da qualidade de seu relacionamento vibrátil com a sua Energia Essencial – com quem você *realmente* é. Esse relacionamento é da maior importância porque, ao tomar consciência do sentimento presente em suas emoções, você se dá conta do tipo de vibração que está oferecendo. Dessa forma, pode guiar sua experiência de vida da melhor maneira possível.

Quando se alinha totalmente com a Energia Essencial, você sente alegria, amor, liberdade, e progride. Caso contrário, regride ou não avança, e a depressão, o medo e sentimentos negativos tomam conta do seu corpo físico.

A conexão é o seu estado mais natural de Ser

Se houver a Intenção Deliberada de entender suas emoções, você terá uma percepção do seu relacionamento com o seu Eu Essencial e conseguirá manter um alinhamento vibrátil com esse Eu Não-Físico. Chamamos esse estado consciente de alinhamento vibrátil intencional com sua Energia Essencial de a Arte da Permissão. É a arte de permitir que a totalidade de quem você é esteja presente em cada momento.

Todas as vezes que alcança essa maravilhosa Conexão, você se sente mais vivo. Você sente entusiasmo, paixão, amor, alegria, clareza e vitalidade. É a experiência criativa perfeita, é a manifestação de vida perfeita – e é o seu estado de Ser mais natural.

Portanto, você obtém essa Conexão com quem você é de fato pelo alinhamento vibrátil. É como quando sintoniza o dial do seu rádio em uma determinada freqüência para ouvir a música que está tocando naquela estação. Se quiser ouvir o que está sendo transmitido pela 98.7 FM, não adianta colocar o ponteiro numa freqüência diferente. As freqüências precisam se equiparar para que você tenha uma recepção clara.

O seu corpo físico não tem um mostrador ou um medidor que lhe diga em que freqüência você está transmitindo. São as suas emoções que fornecem essa informação. *Quando presta atenção em suas emoções, você literalmente* sente *o seu caminho para o alinhamento vibrátil com a sua Fonte.*

Capítulo 5

Você veio aqui para criar a sua própria experiência

Depois de fazer uma conexão consciente entre a sua personalidade física (o que você conhece como *você* aqui nesse corpo) e a Consciência Não-Física Eterna (o que é *realmente Você*), você entenderá melhor o motivo de ter nascido nessa experiência de vida física.

Para viver a experiência de vida da maneira mais agradável e satisfatória possível, é fundamental tomar consciência da sua continuidade – sua vida não começou com o seu nascimento físico. Ele é apenas uma continuação de quem você *realmente* é.

Para que a experiência de vida física seja satisfatória, é também necessário reconhecer seu próprio valor e seu mérito. Essa percepção só pode ser obtida por meio de uma verdadeira Conexão com a sua parte Não-Física. Em outras palavras, se você não tomar plena consciência de quem *realmente* é e não conseguir se alinhar vibratilmente com seu verdadeiro Ser, a Conexão não acontece.

Existem muitos nomes diferentes para essa sua parte Não-Física: *Ser Interior Não-Físico*, *Consciência*, *Deus*, *Fonte* ou *Energia*. Quando você não está vibratilmente alinhado com ela, cria-se um enorme vazio. As pessoas procuram preenchê-lo de várias maneiras: buscando a aprovação dos outros, mudando seus comportamentos ou crenças para se adequarem às regras ou diretrizes de um grupo, procurando riqueza e poder. Mas esteja certo: não existe um substituto para o seu alinhamento vibrátil com seu verdadeiro Ser.

O alinhamento vibrátil com quem você realmente é

Como já dissemos, nada é mais importante do que o alinhamento vibrátil com quem você realmente é, porque cada momento seu é afetado por sua Conexão ou falta de Conexão com seu Ser Interior.

Quando você compreende quem realmente é e conscientemente trabalha para obter e manter seu alinhamento vibrátil com seu verdadeiro ser, tudo em sua vida entra em maravilhoso alinhamento. Mas se você não cuidar dessa Conexão, nada do que possa fazer preencherá o vazio ou substituirá esse alinhamento.

Às vezes seu alinhamento é influenciado pelo comportamento maravilhoso de outra pessoa, ou você entra nele por acaso sem perceber o que está fazendo. Mas ter uma percepção consciente do valor do seu alinhamento e entender como obtê-lo e mantê-lo é a experiência de vida ideal. Nós a chamamos de Criação Intencional.

O Ser Interior e o seu Sistema de Orientação Emocional

Quando se concentra em algum pensamento ou assunto, você oferece uma freqüência vibrátil que se equipara, ou não, à maneira como o seu *Ser Interior* vê tal pensamento ou assunto.

Por exemplo, digamos que você cometa um erro enquanto está fazendo o seu trabalho. Você descobre o erro e o corrige, mas a seguir se deprecia ou se culpa por causa dele. Ao pensar desfavoravelmente a seu próprio respeito, você se desvia da freqüência amorosa do *Eu Interior*. No entanto, sua parte *Não-Física* (essa *Força Divina, Energia Essencial, Ser Interior* ou qualquer que seja o nome que atribua a essa Energia Não-Física Eterna de onde você veio) *jamais, em nenhuma hipótese, deixa de sentir amor e apreciação por aquilo que você é.*

Quando aprender a reconhecer os sentimentos de alinhamento e os de desalinhamento, você poderá começar a efetivamente usar o seu Sistema de Orientação Emocional.

Você poderia dizer:

Estou alinhado ou desalinhado (com a energia da minha Fonte).
Estou conectado ou não conectado (com a energia da minha Fonte).
Estou permitindo ou resistindo (à energia da minha Fonte).

Tomar consciência de como se sente é a única forma de saber se você está dando verdadeiramente permissão ao seu Ser Essencial. Proteja-se da influência ou da opinião dos outros. Acredite profundamente na sua sensação para manter a Conexão.

A procura do seu estado de energia equilibrada

Perceber de forma consciente a sua Conexão com a Fonte é fundamental para a sua felicidade e para a Criação Intencional da sua própria vida. Quando conseguir conscientemente *sentir* a desarmonia vibrátil ou o alinhamento entre a sua vibração e a do seu Ser Essencial, você terá uma percepção clara do seu Sistema de Orientação Emocional.

O *Equilíbrio de Energia* consiste em buscar intencionalmente pensamentos que produzam esse alinhamento. Ao alinhar-se com seu Ser Essencial, você atinge o equilíbrio da sua própria energia e entra em harmonia com o verdadeiro poder do seu Ser. Não há substituto para esse alinhamento.

No estado de *energia equilibrada,* você vivencia clareza, vitalidade, entusiasmo, bem-estar físico, abundância em todas as coisas que considera boas e uma exuberante alegria. *Este é o estado natural de quem você realmente é.*

Capítulo 6

O atraente poder do seu pensamento criativo

Embora talvez ainda não tenha plena consciência da sua natureza vibrátil, você *é* um ser vibrátil vivendo num Universo vibrátil. Na verdade, tudo é vibrátil!

Quando concentra a sua atenção em alguma coisa – uma idéia, uma recordação, uma situação que esteja observando, um sonho ou algo que esteja visualizando –, você está ativando a vibração. No momento em que o objeto de sua concentração provoca essa ativação, esse conteúdo vibrátil se torna seu ponto de atração. *Sempre que você pensa de forma concentrada em alguma coisa, o conteúdo vibrátil dessa coisa se torna uma parte ativa da sua essência vibrátil – e o objeto da sua atenção começa a se aproximar de você.*

A maioria das pessoas não percebe que pensar sobre alguma coisa equivale a chamar a essência dessa "alguma coisa" para a vida delas.

A sabedoria da natureza vibrátil do seu Universo é, ao mesmo tempo, confortante e alegre: *confortante*, porque mostra que você não tem nada a temer, pois coisa alguma pode chegar a você sem o seu convite; e *alegre* por fazê-lo saber que você pode atrair para si mesmo qualquer coisa que deseje usufruir.

Quando percebe que é você quem atrai todas as coisas que chegam a você e que de fato pode controlar aquilo que chega, o seu mundo se abre para novos horizontes. Nenhuma coisa indesejada pode se impor ou se estabelecer na sua experiência. *Você é o criador da sua própria experiência, e ninguém mais pode se intrometer nela. Isso é verdadeiro para todas as pessoas.*

A poderosa Lei Universal da Atração

Da mesma maneira que a lei da gravidade responde consistentemente a todas as *substâncias físicas* do seu planeta, a Lei da Atração responde consistentemente a todas as *vibrações*. Qualquer pensamento – esteja você concentrado no passado, no presente ou no futuro – é uma vibração e tem o poder de atrair. Cada pensamento oferece um sinal, similar ao de um rádio, que a Lei da Atração reconhece e emparelha. Esta poderosa Lei da Atração (*coisas e vibrações semelhantes se atraem*) oferece resultados consistentes em resposta às vibrações que você oferece. A Lei da Atração é consistente, é justa, responde sempre, é a melhor amiga dos Criadores Intencionais – e você pode se tornar um deles. Compreender como trabalha a Lei da Atração, aliada à utilização *consciente* do seu Sistema de Orientação Emocional, lhe dá o poder de criar uma vida maravilhosa e alegre.

Escrevemos este livro porque desejamos que você vivencie, em primeira mão, a alegria dessa perspectiva. Queremos que experimente a alegria de estar na Vanguarda do pensamento, totalmente consciente do ritmo da vida que flui através de você.

As futuras gerações se beneficiarão dos desejos que você emana agora e de seus poderes de atração – porém esperamos que receba o benefício deles também. Aqui, neste exato momento!

Capítulo 7

Você manifesta a essência daquilo em que está pensando

Quando começar a entender a natureza vibrátil do pensamento e a maneira como a Lei da Atração responde a ele, você compreenderá de que forma é o criador da sua própria realidade. Tudo em sua vida vem para você em resposta ao foco dos seus pensamentos. Por isso é preciso entender a natureza vibrátil deles e descobrir uma maneira de reconhecê-la. Só assim você exercerá um *controle intencional* sobre a sua própria experiência.

Criação Intencional é muito mais do que apenas escolher intencionalmente o objeto da sua atenção e se concentrar nele. Porque, embora seja bom escolher deliberadamente o objeto da sua atenção, você precisa também examinar o conteúdo vibrátil do seu pensamento para poder controlar intencionalmente o que quer criar. Por exemplo, você pode estar concentrado no tema da abundância financeira; mas esse tema, como todos os outros, pode ser encarado de várias maneiras. Em um ponto extremo está o pensamento da presença da abundância financeira, e no outro, o pensamento da ausência de abundância financeira. *Portanto, de uma maneira simplista, qualquer tema pode ser visto como dois temas: o que é desejado e a falta do que é desejado.*

Cada tema possui uma faixa vibrátil variada

Quando dizemos para nossos amigos físicos "Você recebe aquilo em que pensa", às vezes eles ficam confusos porque acham que têm "pensado em" ter *mais dinheiro*, um *corpo mais saudável*, um *relacionamento melhor* ou um *trabalho mais satisfatório*.

As pessoas afirmam que têm decididamente pensado em ganhar mais dinheiro e não compreendem por que isso não acontece. Não percebem que o tema do dinheiro possui uma faixa vibrátil variada. Elas podem estar pensando em um fluxo de abundância magnífico ou na constante e desesperada ausência de abundância. Por conseguinte, não basta focalizar a atenção no tema do dinheiro para que a Energia Vibrátil o traga para você.

Direcionar o seu pensamento para o *tema* do dinheiro é um primeiro passo necessário, mas a seguir é preciso descobrir onde, nessa ampla faixa de possibilidades vibráteis relativas ao tema do dinheiro, você se encontra. Seu pensamento se concentra mais na abundância ou na falta de dinheiro? Como já vimos, a maneira mais fácil de verificar o conteúdo vibrátil de seus pensamentos é examinando as emoções que eles provocam. Que tipo de emoção o pensamento ligado ao tema do dinheiro desperta em você?

Como o pensamento faz você se sentir?

Alguns de vocês estão começando a reconhecer: *você recebe aquilo em que pensa*. Mas gostaríamos de esclarecer um pouco mais essa afirmação dizendo: *você recebe aquilo que* sente *sobre aquilo em que pensa*.

Portanto, examine onde você está na escala de possíveis vibrações relativas à questão do dinheiro. Você pode até afirmar, com a maior convicção, que quer mais dinheiro. Mas, se o que sente é desapontamento ou medo de não ter dinheiro suficiente, então a sua oferta vibrátil em relação a dinheiro não corresponde à afirmação do seu desejo. *E o seu ponto de atração está no lugar de sua oferta vibrátil.*

Observar o que está sentindo pode lhe dar uma noção correta do lugar onde você se encontra na Escala Vibrátil de possibilidades. É uma percepção extremamente útil, porque você pode mudar de direção antes de as coisas se manifestarem ou de ocorrerem em sua experiência concreta. Essa é uma forma extremamente prazerosa de controlar intencionalmente sua vida.

Nunca é tarde demais para mudar a direção

Você pode perceber o seu ponto de Atração depois que ele se manifesta ou antes de acontecer. É claro que nós o incentivamos a ter consciência da direção que está tomando em todas as ocasiões. Caso contrário, seria como viajar em seu carro, com um determinado destino em mente, percorrendo uma estrada totalmente errada, viajando em direção oposta a seu destino desejado, e só descobrir isso ao chegar no lugar errado. *Você pode sempre corrigir a sua direção, mas, quanto antes perceber que está na direção errada, melhor e mais prazerosa será a sua jornada.*

O segredo para realizar a alegre Criação Intencional é escolher o tema de seus pensamentos *intencionalmente* e prestar muita atenção ao sentimento que cada pensamento desperta. Se você não tiver consciência da emoção que o pensamento provoca, não saberá onde se encontra na escala de possibilidades vibráteis.

Quando pede, você sempre recebe

Parece bastante simples: *a diversidade e o contraste produzem desejos; todos os desejos são atendidos.* Se isso estiver correto, qualquer pessoa que desejasse qualquer coisa deveria receber prontamente o objeto de seu desejo. Portanto, como é que você pode desejar mais dinheiro ou um corpo mais saudável e não receber o que pediu?

A resposta para essa freqüente pergunta está na percepção da sua Escala Vibrátil. Uma situação intensa pode produzir o lançamento de um poderoso desejo. No breve momento do lançamento desse desejo, você é um equivalente vibrátil para ele. Mas se, com o passar do tempo, você freqüentemente oferecer pensamentos que se enquadrem em algum outro ponto da Escala Vibrátil, então é bem provável que acabe se habituando a um padrão ou hábito de pensamento bem diferente daquilo que está pedindo.

Todas as vezes que tem um pensamento, você ativa a vibração dele dentro de você. Todas as vezes que uma vibração é ativada, outros pensamentos equivalentes são atraídos por ela, fazendo com que seja cada vez mais fácil e constante ter esse pensamento. Se você continua pensando ou falando daquilo, a vibração vai se intensificando, e qualquer tema se tornará um pensamento dominante. Quanto mais você se concentra nesse pensamento e pratica a vibração dele, mais o pensamento se integra à sua vibração. A esse *pensamento ativado dominante* se dá o nome de crença. (Uma crença é realmente apenas um pensamento que você continua a manter.) Ao concentrar-se nesse pensamento e ativar a vibração dele, você faz com que a Lei da Atração lhe traga mais pensamentos semelhantes – e, por conseguinte, mais evidência dele.

Pare um instante e reflita sobre o que acabamos de dizer. Verifique em sua própria experiência quantas vezes isso acontece sem que você perceba.

Capítulo 8

Quando pede, você sempre recebe

Você agora pode compreender melhor que é um Ser Vibrátil e que de fato cria a sua própria realidade. Além disso, está começando a entender que cria a sua própria realidade direcionando seus pensamentos, porque eles são vibrações, e a Lei da Atração responde a essas vibrações. Por isso, sempre que está focalizando qualquer coisa – passada, presente ou futura –, você está no processo de criação.

Quando a sua atenção é direcionada para alguma coisa que observa no seu presente, para algo que está analisando, ponderando ou lembrando do seu passado, para algo que está imaginando ou visualizando no futuro, você oferece uma vibração... e a Lei da Atração responde a essa vibração. Cada vez que revê o mesmo assunto, o processo de atrair outras vibrações com a mesma freqüência aumenta, fazendo com que o seu sinal sobre esse tema fique mais forte.

Quanto mais você focaliza um assunto, mais ativa fica a vibração, e os equivalentes vibráteis desse assunto são atraídos para ele. No final do processo começará a surgir em sua experiência uma manifestação física equivalente à essência da emoção que esse assunto desperta em você.

Você é o criador da sua própria verdade

Podemos parecer repetitivos, mas fazemos isso deliberadamente para provocar uma mudança em sua consciência.

Ao considerar qualquer idéia, você ativa nela uma vibração, e a Lei da Atração lhe oferece outra idéia com a mesma freqüência vibrátil. Enquanto você continua a pensar no assunto, mais pensamentos correspondentes a ele chegam a você, ativando mais a idéia, tornando-a mais forte, aumentando seu poder de atração. Com o passar do tempo, coisas que correspondem àquelas idéias começarão a ocorrer em sua experiência de vida. Em geral, você chama as experiências que ocorrem de *fatos*. Mas nós as chamamos de *criações*, de respostas naturais do Universo à sua vibração ativada. Não faz sentido focalizar coisas indesejadas (causando uma ativação da vibração dentro de você), pois a Lei da Atração irá responder, criando coisas que você não quer que aconteçam realmente.

É importante saber se você quer ou não vivenciar algo em sua experiência. Porque qualquer coisa focalizada por muito tempo se torna verdade! É a lei!

Capítulo 9

Você é o criador da sua própria verdade

Vamos repetir:

Você está continuamente exposto à experiência de vida e é estimulado a perceber constantemente o que se passa. Isso significa que está focalizando alguma coisa o dia inteiro, todos os dias, e que esse foco ativa uma vibração dentro de você. A maioria das pessoas não percebe que são Seres Vibráteis vivendo em um Universo Vibrátil, atraindo vibratilmente suas próprias realidades. Por isso, elas fazem pouco ou nenhum esforço para direcionar intencionalmente pensamento.

No ambiente acelerado em que você vive, cercado de tantas solicitações, não é fácil ter uma percepção consciente de *todos* os seus pensamentos. Na verdade, você não consegue examinar e selecionar todas as informações que lhe chegam e os pensamentos que elas despertam. Felizmente, você não precisa classificar a quantidade de pensamentos em sua mente porque a Lei da Atração cuidará desse processo de seleção.

Tudo no Universo significa Consciência. Consciência é Vibração ou Energia. E toda Consciência é capaz de focalizar até mesmo a ameba de uma única célula. A Consciência tem uma percepção das experiências vividas e das preferências que nascem constantemente dessa percepção.

A exposição ao contraste e à variedade da vida faz com que as preferências pessoais emanem de todos os pontos da Consciência. Quando a exposição às suas experiências faz com que tenha uma preferência pessoal (ou desejo), uma vibração emana de você (um foguete de desejo) e o seu Ser Interior, a sua Fonte e *tudo o que você é* começam a responder a esse pedido imediatamente. Em outras palavras, quando pede (a partir de qualquer nível do seu Ser), você é sempre atendido.

Você pode vibratilmente corresponder aos seus novos desejos?

Portanto, a sua parte Não-Física recebe seu pedido, tem potente percepção do desejo que você emitiu e direciona a sua total atenção para ele. Ou seja, o seu Ser Interior instantaneamente se torna um equivalente vibrátil do seu novo desejo.

No entanto, em geral você ainda não é um equivalente vibrátil perfeito para esse novo desejo. Seu trabalho então consiste em ativar, dentro da sua vibração, apenas aqueles aspectos que combinem com seu novo desejo. É aí que entra o seu Sistema de Orientação Emocional, porque suas emoções são os indicadores do alinhamento ou da desarmonia vibrátil.

Por exemplo, você teve uma discussão com uma pessoa que o tratou com aspereza e agressividade. Essa experiência fez com que uma preferência emanasse de você. Mesmo que não tenha total consciência dela, na verdade você prefere ser tratado com mais respeito. Essa preferência irradia de você, e o seu Ser Interior encontra imediato alinhamento com o desejo de ser tratado de forma mais respeitosa. Mas você ainda não encontrou esse alinhamento porque ainda está se lembrando da atitude, das palavras rudes e das ações daquela pessoa. As suas vibrações são uma mistura de como você quer ser tratado e de como acabou de ser tratado. O seu Ser Físico não é um equivalente para o seu novo desejo, mas o seu Ser Interior é.

Se você está sensível e atento à maneira como se sente, pode perceber a desarmonia entre a vibração do seu Ser Interior e a vibração do seu Ser Físico naquele momento. Na realidade, é isso o que as suas emoções sempre indicam: *uma emoção que faz você se sentir bem indica alinhamento vibrátil entre seu Ser Interior e você. Uma emoção que faz você se sentir mal indica um desalinhamento vibrátil entre o seu Ser Interior e você.*

Um outro exemplo: ao examinar a sua correspondência, você encontra várias cartas de cobrança e, ao somá-las, constata que não tem dinheiro suficiente para pagar tudo o que deve. Nesse momento um desejo por mais dinheiro emana de você, e o seu Ser Interior que focaliza imediatamente a idéia de mais dinheiro sente prazer com ela. No entanto, enquanto continua a examinar as contas, você pensa: "Não tenho dinheiro para pagar todas elas." Você, com esse pensamento, não encontrou alinhamento com seu novo desejo, e a emoção negativa que sente (preocupação, raiva, frustração) indica o desalinhamento com a sua Fonte.

Nenhum desejo pode se manifestar concretamente para você enquanto houver uma diferença vibrátil entre o desejo e a vibração praticada. Você precisa treinar para entrar em alinhamento vibrátil com seus desejos antes de eles se materializarem na sua experiência. É o que vamos lhe ensinar aqui.

Esse é o motivo de voltarmos a falar de suas emoções como o seu Sistema de Orientação Emocional, porque elas o ajudam a reconhecer o alinhamento ou a desarmonia entre a vibração do seu desejo e a vibração da sua oferta e a tomar consciência da necessidade de mudança para obter o que realmente deseja.

Capítulo 10

Relação vibrátil e equilíbrio de energia

Vamos usar uma comparação para você entender melhor o que estamos falando.

Considere o sistema de navegação do seu carro (GPS). Embora tenha a capacidade de apontar o caminho a seguir, ele de nada servirá enquanto você não programar o destino desejado. Quando o sistema de navegação possui essa informação, ele pode começar a calcular uma rota que o leve de onde você está para onde quer ir. Da mesma maneira, o relacionamento entre o seu peso atual e o peso corporal que você deseja atingir é a base da orientação emocional que você recebe. O relacionamento entre a sua atual situação financeira e a quantidade de dinheiro que você gostaria de ter é a base da orientação emocional que você recebe.

O relacionamento entre onde você está e onde você quer estar é a base do seu Sistema de Orientação Emocional pessoal. Sem saber onde você está e aonde deseja ir, você não pode prosseguir com alguma clareza em sua jornada... Estará apenas se movendo de um lugar para outro.

Essa relação existe em todos os assuntos: os de grande importância, os menos importantes, os que surgem diversas vezes todos os dias e aqueles sobre os quais você pensa raramente. Mas pode estar certo: uma orientação útil e precisa sobre todas as coisas está sempre disponível, porque na sua vida não há assunto em que a *relação vibrátil* esteja ausente.

Qual é o melhor caminho para o destino desejado?

Se já utilizou um sistema de navegação eletrônico em seu carro, certamente passou pela experiência de programar um destino desejado e, por algum motivo, se desviar da rota. Algo ao longo do caminho pode ter atraído a sua atenção, levando-o a fazer uma volta não programada. Quando isso acontece, o seu sistema de navegação começa a sinalizar que está fora do curso. Mesmo que você explique os motivos que o levaram a sair da rota, o seu sistema de navegação continuará a lhe dizer que se desviou da trajetória pretendida, simplesmente porque para ele você está fora do seu caminho. É claro que você pode tomar uma nova decisão e reprogramar o sistema. Nesse caso, ele iria se recompor e elaborar um novo plano; mas, enquanto sua intenção for dirigir-se para um determinado lugar, sempre que estiver se movendo em uma direção diferente os sinos de aviso irão soar.

Bem, você poderia dizer: "Mas, Abraham, certamente existe mais de um caminho que levará a meu destino desejado." Concordamos com você, pois há muitos caminhos agradáveis e prazerosos que o levarão ao destino desejado. Na realidade, a alegria da vida está realmente na jornada. No entanto, o sistema de navegação do seu carro está orientado pela informação que você lhe deu. Há de fato diversos caminhos para chegar ao seu objetivo, mas seu sistema de navegação lhe fornecerá a melhor rota para alcançá-lo.

Você tem um Sistema de Orientação Emocional pessoal

O seu Sistema de Orientação Emocional pessoal funciona de maneira semelhante a um sistema de orientação eletrônico. Você não pode receber orientação fora das rotas (ou crenças) contidas dentro do seu sistema. O seu Sistema de Orientação Emocional baseia-se apenas nas suas vibrações (crenças) *ativas* e em seus relacionamentos com seu destino desejado. (Lembre-se: uma crença é realmente apenas um *pensamento* que você tem continuamente.)

As suas emoções são os indicadores das vibrações ativas no seu interior. Você veio ao mundo nesse corpo físico como uma extensão da Energia Essencial, e a vibração da sua Fonte é sempre uma vibração ativa dentro de você. Quando você define uma preferência – o seu desejo – entre as várias opções que se oferecem, sinais vibráteis (similares a sinais eletrônicos) são emitidos. Você estará literalmente irradiando esses sinais para a sua futura experiência.

Todas as vezes que uma preferência ou um desejo nasce dentro de você, esse sinal vibrátil dispara como um foguete de desejo e começa a acumular poder e clareza em seu futuro vibrátil, naquilo que carinhosamente chamamos de seu *fundo vibrátil.* Ele é mantido lá especificamente para você. Nenhuma outra pessoa pode atacá-lo e pegá-lo, privando-o assim da sua própria criação. Ele permanece lá, pulsando – acumulando poder, força, pureza –, enquanto você continua a aperfeiçoar seus desejos, definindo-os com clareza cada vez maior. *Sempre que vivencia alguma coisa que não quer, você compreende com mais nitidez o que de fato quer.*

A sua Fonte imediatamente se incorpora a qualquer desejo seu

No momento em que seus foguetes de desejo emanam de você, a Energia Essencial se incorpora a esses desejos. Na realidade, é precisamente por isso que continuamos a lhe afirmar que, quando pede, você sempre é atendido, porque a Energia Essencial reconhece seu desejo, concorda com seu desejo e flui com seu desejo. O poder da sua Fonte imediatamente se incorpora ao seu desejo. E então a relação vibrátil entre o seu recém-lançado *desejo* – ao qual se juntou a Energia Essencial – e seus pensamentos habituais ou *crenças* sobre o mesmo assunto fica aparente. Você pode literalmente sentir a harmonia ou a falta dela entre as freqüências dessas duas Energias.

Se você pegasse suas contas na caixa de correio e percebesse que não tem dinheiro suficiente para pagar todas elas, um *desejo* por dinheiro dispararia de você para o seu futuro vibrátil. No momento desse lançamento, a Energia Essencial fluiria com seu foguete de desejo. Mas, se você continuasse a se angustiar com a falta de dinheiro para pagar essas contas, a sua vibração estaria muito diferente da vibração do seu desejo, e a emoção da preocupação ou do medo indicaria sua desarmonia vibrátil.

Se uma pessoa que você ama o tratasse mal, um foguete de desejo de ser tratado com mais respeito dispararia de você, e a sua Fonte concordaria com esse pedido e o atenderia. A sua Fonte literalmente forma um vínculo vibrátil com seu desejo, e seu pedido é atendido imediatamente. Mas, se continuar a se concentrar na experiência dolorosa, você se manterá vibratilmente separado do seu próprio pedido. Haverá uma desarmonia entre a vibração do seu desejo e a vibração daquilo que você oferece enquanto se concentra nos maus-tratos que sofreu. Nesse caso, seu relacionamento não poderá melhorar.

A dor emocional que você sente indica que a relação vibrátil entre o seu pensamento e aquilo que deseja precisa ser melhorada. Se quiser receber o que pediu, é necessário descobrir uma maneira de oferecer uma vibração equivalente à de seu desejo e à da sua Fonte. Os processos descritos neste livro irão lhe ensinar isso.

Capítulo 11

Encontrando alinhamento com a Energia da sua Fonte

Enquanto está concentrado aqui, dentro do seu corpo físico, você é uma extensão da Energia Essencial Não-Física. *O seu Ser Interior ou Fonte está concentrado aqui no seu corpo físico e flui para você e através de você neste corpo. Mas a sua Fonte não pensa* por *você. Você não é um fantoche fazendo o que ela manda. Você é um criador plenamente consciente expressando seus desejos nessa realidade física tempo-espaço.* Você é livre para escolher a direção de seus próprios pensamentos.

Os desejos que você cria e emite são mantidos e cuidados para você pela Energia Essencial em uma espécie de fundo vibrátil, onde ficam aguardando o seu alinhamento vibrátil com eles. *Agora você precisa* sentir *o seu caminho para esse alinhamento.*

O seu Sistema de Orientação Emocional (a maneira como você se sente) é o indicador constante do alinhamento entre as suas vibrações (pensamentos e crenças) ativas ou dominantes e os desejos que você lançou e que estão esperando para se concretizarem em sua vida. *Quando se concentra no objeto do seu desejo, você pode sentir harmonia ou desarmonia. Quanto melhor se sentir, mais alinhado estará com o seu desejo; quanto pior se sentir, mais fora de alinhamento estará.*

Maior atenção acentua a intensidade emocional

Quando o objeto do seu desejo é ativado dentro de você pela atenção que você dá a ele, você pode sentir onde ele está na escala de vibrações. Pode sentir se ele está se inclinando na direção da abundância ou da falta de abundância do seu desejo. *As suas emoções indicam suas crenças e pensamentos ligados ao seu desejo atual.*

Se a sua experiência de vida o fez lançar muitos foguetes de desejo ligados a um determinado assunto, a Energia Essencial flui com mais força para esse assunto. Nesse caso, as emoções que você sente serão mais fortes em relação a ele. Quanto mais você se concentra, mais a Lei da Atração responde, e você reconhece a sensação da Energia se movendo com mais rapidez através das emoções que você descreve como entusiasmo, paixão, exuberância ou alegria.

Mas o que acontece quando você sente uma intensa emoção negativa de raiva, ódio ou medo? Essas emoções fortes também indicam que a Energia está se movendo rapidamente, ou seja, você lançou poderosos foguetes de desejo e a Energia Essencial está fluindo para eles. As emoções negativas que você sente são causadas pela relação vibrátil entre o seu desejo ativo (que tem toda a atenção da sua Fonte) e a sua vibração ativa no momento (os aspectos de falta em que sua *atenção* está concentrada).

Sua concentração está voltada predominantemente para aquilo que você quer?

Portanto, o seu Sistema de Orientação Emocional está lhe fornecendo informações baseadas em dois fatores significativos: o poder do seu desejo e a direção do seu foco de atenção. Em outras palavras, o seu Sistema de Orientação Emocional está lhe dando uma orientação precisa sobre a relação vibrátil entre o seu desejo e os pensamentos nos quais você está concentrado.

Se a sua experiência de vida o fez desejar realmente alguma coisa, mas você estiver concentrado no oposto desse desejo, você sentirá uma forte emoção negativa. Mas, se o seu desejo estiver forte e seus pensamentos estiverem em alinhamento vibrátil com esse desejo, você sentirá uma forte *emoção positiva.* O seu Sistema de Orientação Emocional é preciso e está sempre disponível para você em todos os momentos. Ele é um sistema excelente.

Capítulo 12

Relação vibrátil: meu corpo físico

Vamos dar alguns exemplos de relação vibrátil entre os *desejos* e as *crenças* comuns que encontramos em muitas pessoas no que diz respeito a seus corpos físicos. Primeiro, enunciaremos um *desejo* comum a muitas pessoas, e depois, uma série de *crenças* comuns sobre esse desejo. Em seguida indicaremos o grau de compatibilidade vibrátil entre os *desejos* e as *crenças.*

Lembre-se mais uma vez: para que qualquer desejo se realize, é preciso haver compatibilidade vibrátil entre seus desejos e suas crenças.

DESEJO: *Quero viver uma vida longa neste corpo.*

Crença: É improvável que eu vá viver uma vida longa porque existem muitas doenças mortais na história da minha família. [Esta crença é vibratilmente incompatível com o desejo declarado.]

Crença: Nasci numa época muito diferente daquela em que meus antepassados viveram. [Esta crença é vibratilmente mais compatível com o desejo declarado.]

Crença: Hoje, tenho mais acesso a meios para ajudar a manter uma saúde melhor. [Esta crença é ainda mais vibratilmente compatível com o desejo declarado.]

~

DESEJO: *Quero levar uma vida saudável neste corpo.*

Crença: Meus pais não eram pessoas saudáveis. [Esta crença é vibratilmente incompatível com o desejo declarado.]

Crença: Meus pais e eu levamos vidas muito diferentes. Nossos ambientes são diferentes, o que comemos é diferente e os recursos de que dispomos são diferentes. [Esta crença é vibratilmente mais compatível com o desejo declarado.]

Crença: Não há relação entre a saúde de meus pais e a minha própria saúde. [Esta crença é ainda mais vibratilmente compatível com o desejo declarado.]

~

DESEJO: *Quero ser ativo e forte durante toda a minha vida física.*

Crença: À medida que meu corpo envelhece, é inevitável que a força física e a resistência diminuam. [Essa crença é vibratilmente incompatível com o desejo declarado.]

Crença: Não conheço detalhes da história de vida das pessoas que vejo declinar. [Essa crença é vibratilmente mais compatível com o desejo declarado.]

Crença: Existem pessoas fortes e pessoas fracas em todas as faixas etárias; idade não é fator determinante. [Esta crença é ainda mais vibratilmente compatível com o desejo declarado.]

~

DESEJO: *Quero alcançar e manter um peso corporal saudável e atraente.*

Crença: É quase impossível manter o peso corporal que desejo sem fazer exercícios extenuantes todos os dias e sem me privar de coisas que gosto de comer. [Esta crença é vibratilmente incompatível com o desejo declarado.]

Crença: Ao observar outras pessoas, vejo que há uma enorme diversidade de atividades e dietas que causam uma grande variedade de resultados. [Esta crença é vibratilmente mais compatível com o desejo declarado.]

Crença: É possível encontrar um estilo de vida confortável que trará os resultados que desejo. [Esta crença é ainda mais vibratilmente compatível com o desejo declarado.]

~

DESEJO: *Quero ser ágil e flexível. Quero que meu corpo se sinta bem enquanto o exercito.*

Crença: À medida que envelheço, constato que enrijeço, me torno frágil e sem energia. [Esta crença é vibratilmente incompatível com o desejo declarado.]

Crença: Existem muitas pessoas idosas que se sentem bem, são sadias e possuem flexibilidade, assim como outras mais jovens que não se sentem bem. A idade não é fator determinante. [Esta crença é vibratilmente mais compatível com o desejo declarado.]

Crença: Percebo que quando decido intencionalmente exercitar meu corpo todos os dias sinto uma grande melhora e bem-estar! [Esta crença é ainda mais vibratilmente compatível com o desejo declarado.]

DESEJO: *Quero clareza de pensamento. Quero aprender com facilidade e reter o que aprendi.*

Crença: Freqüentemente fico confuso e vivo esquecendo o que li ou aprendi. [Esta crença é vibratilmente incompatível com o desejo declarado.]

Crença: Percebo que minha memória é boa quando estou lidando com um assunto que me interessa. [Esta crença é vibratilmente mais compatível com o desejo declarado.]

Crença: Quando quero clareza e intencionalmente me concentro, eu não me confundo. [Esta crença é ainda mais vibratilmente compatível com o desejo declarado.]

Desejo: *Quero clareza de mente. Quero me lembrar do lugar onde coloco as coisas.*

Crença: Vivo me esquecendo de onde coloquei as coisas. [Esta crença é vibratilmente incompatível com o desejo declarado.]

Crença: Mesmo quando na hora não consigo me lembrar do lugar onde coloquei alguma coisa, depois de algum tempo acabo encontrando-a. [Esta crença é vibratilmente mais compatível com o desejo declarado.]

Crença: Se decido qual é o melhor lugar para colocar alguma coisa e penso no motivo pelo qual escolhi esse lugar, facilmente me lembro de onde a coloquei. [Esta crença é ainda mais vibratilmente compatível com o desejo declarado.]

É bem capaz de você ter reconhecido algumas de suas crenças nos exemplos que acabou de ler. O importante então é, quando tomar consciência de um pensamento que se repete, perguntar-se: *essa crença é vibratilmente compatível com meu desejo?* Porque, se não for, você não poderá alcançar o que quer. Quando você perceber que está pensando de forma negativa, tente dizer ou pensar em alguma coisa que o faça se sentir melhor, que seja mais compatível com seu desejo. Empenhe-se nisso e verá que quando busca pensamentos que lhe trazem emoções positivas você está apontando a sua vibração (e o seu ponto de atração) para um lugar de onde lhe virão apenas coisas boas.

Algumas de suas crenças são benéficas para você e algumas não são. Se ficar atento, descobrirá que não é difícil encontrar e ativar crenças que se harmonizem com seus desejos. Quando fizer isso, esses desejos se realizarão.

Capítulo 13

Relação vibrátil: minha casa

Vamos reproduzir o que fizemos no capítulo anterior, desta vez com desejos e crenças ligados à sua casa.

Mais uma vez: para que qualquer desejo se realize, é preciso haver compatibilidade vibrátil entre seus desejos e suas crenças.

DESEJO: *Quero ter dinheiro para comprar uma casa fabulosa.*

Crença: Não tenho condições de comprar o tipo de casa que desejo. [Esta crença é vibratilmente incompatível com o desejo declarado.]

Crença: Existem casas bastante confortáveis cujo preço está dentro das minhas possibilidades. [Esta crença é vibratilmente mais compatível com o desejo declarado.]

Crença: Se eu procurar com afinco, é possível encontrar verdadeiros tesouros no mercado imobiliário. [Esta crença é ainda mais vibratilmente compatível com o desejo declarado.]

DESEJO: *Quero viver em paz no meu bairro.*

Crença: Embora nosso bairro tenha normas, elas não são aplicadas. Meus vizinhos fazem o que querem e pouco se importam com o incômodo que me causam. [Esta crença é vibratilmente incompatível com o desejo declarado.]

Crença: Meus vizinhos, de modo geral, também querem viver em um bairro agradável. [Esta crença é vibratilmente mais compatível com o desejo declarado.]

Crença: As coisas vão bastante bem no meu bairro. [Esta crença é ainda mais vibratilmente compatível com o desejo declarado.]

~

DESEJO: *Quero que minha casa seja segura.*

Crença: Este bairro é completamente desprotegido, e eu me sinto muito vulnerável. [Esta crença é vibratilmente incompatível com o desejo declarado.]

Crença: Moro aqui há muitos anos e de fato nunca houve um assalto a uma casa. [Esta crença é vibratilmente mais compatível com o desejo declarado.]

Crença: Tomei todas as providências necessárias para proteger minha casa e me sinto seguro dentro dela. [Esta crença é ainda mais vibratilmente compatível com o desejo declarado.]

Desejo: *Quero que minha casa contenha utensílios modernos e eficientes que me dêem conforto.*

Crença: Há de fato inúmeras coisas que tornam a vida mais fácil e confortável, mas elas custam muito dinheiro. [Esta crença é vibratilmente incompatível com o desejo declarado.]

Crença: Tenho condições de comprar equipamentos e utensílios que facilitem minha vida. [Esta crença é vibratilmente mais compatível com o desejo declarado.]

Crença: Além dos utensílios e equipamentos, posso comprar outras coisas que acrescentarão comodidade e conforto ao meu ambiente doméstico. [Esta crença é ainda mais vibratilmente compatível com o desejo declarado.]

Desejo: *Quero encontrar uma casa que me satisfaça para o resto da vida.*

Crença: Talvez esse lugar perfeito exista por aí, mas não sei como encontrá-lo, se ele estará disponível ou se terei dinheiro para adquiri-lo. [Esta crença é vibratilmente incompatível com o desejo declarado.]

Crença: A experiência me mostrou que é só uma questão de paciência e persistência para encontrar a casa que desejo. [Esta crença é vibratilmente mais compatível com o desejo declarado.]

Crença: Não preciso comprar uma casa que me agrade para sempre. Encontrarei uma que me agrade agora e mais tarde poderei encontrar outra. [Esta crença é ainda mais vibratilmente compatível com o desejo declarado.]

Algumas pessoas dizem que essas afirmações positivas parecem artificiais e fogem da realidade. Desconfiam mesmo de sua eficácia.

Nós queremos que você compreenda que esse processo vai ajudá-lo a criar uma realidade diferente e mais agradável. Se continuar a ver as coisas como elas são no momento – e falar sobre elas dessa forma –, nada poderá mudar e você continuará insatisfeito. Não se trata de negar uma realidade, como "agora não tenho dinheiro para comprar a casa que desejo", mas você pode pensar e afirmar que vai ter condições para comprar uma casa bonita e confortável. É claro que se sentirá muito melhor do que se continuar repetindo que o que deseja não é possível. E, ao pensar e afirmar coisas positivas, você emite vibrações e *sente* as melhoras emocionais. Assim, eliminará a desarmonia entre seus desejos e suas crenças e entrará em perfeito alinhamento com o que deseja. Você vai constatar que a concretização do seu desejo em sua experiência de vida refletirá essas mudanças.

Por que aceitar ou "encarar uma realidade" que não *é agradável quando pode criar uma realidade que é agradável? É uma escolha que cabe a você fazer.*

Capítulo 14

Relação vibrátil: meu trabalho

Prosseguimos mostrando agora exemplos da relação vibrátil entre os desejos e as crenças que vemos em muitas pessoas a respeito de seus trabalhos, empregos e ocupações.

Mais uma vez: para que qualquer desejo se realize, é preciso haver compatibilidade vibrátil entre seus desejos e suas crenças.

DESEJO: *Quero um trabalho que me dê mais prazer.*

Crença: Foi para esse trabalho que fui treinado, mas estou cansado de fazer isso. [Esta crença é vibratilmente incompatível com o desejo declarado.]

Crença: Eu achava meu trabalho mais interessante no começo, quando era uma novidade para mim. [Esta crença é vibratilmente mais compatível com o desejo declarado.]

Crença: Assim como aprendi a fazer esse trabalho, posso aprender a desempenhar outras tarefas novas e estimulantes. [Esta crença é ainda mais vibratilmente compatível com o desejo declarado.]

Desejo: *Quero um trabalho que me traga uma compensação monetária maior.*

Crença: Não é possível ganhar mais dinheiro fazendo o que faço, porque o que ganho é o salário de mercado. [Esta crença é vibratilmente incompatível com o desejo declarado.]

Crença: Há empresas que pagam mais do que outras; eu posso procurar alguma que me remunere melhor. [Esta crença é vibratilmente mais compatível com o desejo declarado.]

Crença: Sei que sou uma pessoa competente e deve haver uma empresa que atribua um valor maior ao que tenho a oferecer. [Esta crença é ainda mais vibratilmente compatível com o desejo declarado.]

Desejo: *Quero trabalhar com pessoas agradáveis.*

Crença: Não escolhi meus colegas de trabalho, que, de modo geral, são pessoas bastante desagradáveis. [Esta crença é vibratilmente incompatível com o desejo declarado.]

Crença: De fato há, no trabalho, colegas desagradáveis, mas muitos são simpáticos e legais. [Esta crença é vibratilmente mais compatível com o desejo declarado.]

Crença: Eu gosto especialmente da recepcionista e da secretária. É muito prazeroso conviver com elas. [Esta crença é ainda mais vibratilmente compatível com o desejo declarado.]

DESEJO: *Quero fazer um trabalho que estimule o meu crescimento pessoal.*

Crença: Estou preso a um emprego no qual não há oportunidades de crescimento. [Esta crença é vibratilmente incompatível com o desejo declarado.]

Crença: Vou olhar com mais atenção, porque provavelmente existem oportunidades de crescimento que me passaram despercebidas. [Esta crença é vibratilmente mais compatível com o desejo declarado.]

Crença: O trabalho que desejo deve estar me esperando, e eu o reconhecerei quando o encontrar. [Esta crença é ainda mais vibratilmente compatível com o desejo declarado.]

DESEJO: *Quero ter livre-arbítrio.*

Crença: Eu me sinto absolutamente tolhido em meu trabalho, como se estivesse preso em uma armadilha. [Esta crença é vibratilmente incompatível com o desejo declarado.]

Crença: Permaneço trabalhando neste lugar porque há aspectos do trabalho que me dão prazer. [Esta crença é vibratilmente mais compatível com o desejo declarado.]

Crença: Estou aqui por opção e sei que posso ir embora se quiser. [Esta crença é ainda mais vibratilmente compatível com o desejo declarado.]

Quando você está interagindo com outras pessoas, às vezes é mais difícil escolher os próprios pensamentos porque pertencemos a uma cultura que estruturou nossas crenças. Mas, à medida que for ficando mais atento e perceber que está repetindo padrões negativos, você se tornará capaz de escolher intencionalmente pensamentos que o farão se sentir melhor e se dará conta da sua invencibilidade criativa. Com o passar do tempo você poderá manter a conexão com seus próprios desejos, não importa o que esteja acontecendo ao seu redor. E quando aprender a exercitar o seu controle vibrátil sentirá que inúmeras situações prazerosas virão para você.

Capítulo 15

Relação vibrátil: meus relacionamentos

Agora examinaremos exemplos de relação vibrátil entre os desejos e as crenças comuns de muitas pessoas quanto a seus relacionamentos.

Mais uma vez: para que qualquer desejo se realize, é preciso haver compatibilidade vibrátil entre seus desejos e suas crenças.

DESEJO: *Quero encontrar meu par perfeito.*

Crença: Estou procurando há muito tempo. Acho que todas as pessoas realmente boas já encontraram seus pares. [Esta crença é vibratilmente incompatível com o desejo declarado.]

Crença: Apenas recentemente cheguei à conclusão de que agora estou de fato preparado para encontrar o par que desejo. Fico contente por ele não ter chegado antes de eu estar pronto. [Esta crença é vibratilmente mais compatível com o desejo declarado.]

Crença: Quando desejo uma coisa e decido que vou obtê-la, em geral consigo o que quero. [Esta crença é ainda mais vibratilmente compatível com o desejo declarado.]

Desejo: *Quero melhorar meu relacionamento com meu par.*

Crença: Tudo o que faço parece irritar meu par. [Esta crença é vibratilmente incompatível com o desejo declarado.]

Crença: No início, nós tínhamos um relacionamento ótimo. Quem sabe podemos retomá-lo? [Esta crença é vibratilmente mais compatível com o desejo declarado.]

Crença: Acredito que somos capazes de reconquistar o amor que tínhamos um pelo outro. [Esta crença é ainda mais vibratilmente compatível com o desejo declarado.]

~

Desejo: *Quero um relacionamento melhor com meus pais.*

Crença: Minha mãe não entende que já sou um adulto e vive interferindo na minha vida. [Esta crença é vibratilmente incompatível com o desejo declarado.]

Crença: Meu pai se interessa por mim porque deseja que eu tenha uma vida boa. [Esta crença é vibratilmente mais compatível com o desejo declarado.]

Crença: As intenções da minha mãe são as melhores possíveis, mas na verdade o que ela diz e faz me afeta muito pouco ou quase nada. [Esta crença é ainda mais vibratilmente compatível com o desejo declarado.]

DESEJO: *Quero um relacionamento melhor com meus filhos.*

Crença: Minha filha parece achar que sou uma espécie de baú do tesouro de onde sairá tudo o que ela deseja. [Esta crença é vibratilmente incompatível com o desejo declarado.]

Crença: Sou capaz de me colocar no lugar de meus filhos e entender por que eles se comportam de determinadas maneiras que me aborrecem. [Esta crença é vibratilmente mais compatível com o desejo declarado.]

Crença: Tanto eu quanto meus filhos estamos continuamente mudando e ajudando uns aos outros a crescer, o que é uma coisa muito boa. [Esta crença é ainda mais vibratilmente compatível com o desejo declarado.]

DESEJO: *Quero um relacionamento melhor com meu chefe.*

Crença: Meu chefe está sempre me desvalorizando. [Esta crença é vibratilmente incompatível com o desejo declarado.]

Crença: Tenho condições de provar o meu valor e a contribuição que posso dar. [Esta crença é vibratilmente mais compatível com o desejo declarado.]

Crença: Gosto muito do trabalho que faço e sei que sou competente. [Esta crença é ainda mais vibratilmente compatível com o desejo declarado.]

DESEJO: *Quero me relacionar melhor com as pessoas.*

Crença: Acho que as pessoas não me compreendem. Eu me sinto marginalizado. [Esta crença é vibratilmente incompatível com o desejo declarado.]

Crença: Há pessoas de todos os tipos. Eu me dou bastante bem com algumas delas. [Esta crença é vibratilmente mais compatível com o desejo declarado.]

Crença: Eu de fato tenho um ótimo relacionamento com muitas pessoas. [Esta crença é ainda mais vibratilmente compatível com o desejo declarado.]

Quando você se decidir intencionalmente a afirmar crenças que o façam sentir-se melhor, *comece com alguma coisa fácil.* Em outras palavras, não se concentre no seu relacionamento mais complicado e nos problemas mais desafiadores. Dê um passo após o outro, fique atento para as suas crenças, para as emoções que elas provocam – bem-estar ou desconforto – e troque seu pensamento negativo por um positivo quando se surpreender concentrando-se nas dificuldades. Só depois de algum treino você poderá se dedicar às situações mais difíceis. Com o passar do tempo, você saberá que exerce controle absoluto sobre suas emoções, sobre o seu ponto de atenção e sobre tudo o que chega à sua experiência de vida.

Capítulo 16

Relação vibrátil: minha abundância financeira

Aqui estão exemplos da relação vibrátil entre os desejos e as crenças comuns que vemos em muitas pessoas no que diz respeito à abundância financeira.

Mais uma vez: para que qualquer desejo se realize, é preciso haver compatibilidade vibrátil entre seus desejos e suas crenças.

DESEJO: *Quero mais dinheiro.*

Crença: Estou farto de não ter dinheiro para fazer as coisas que quero. [Esta crença é vibratilmente incompatível com o desejo declarado.]

Crença: Se eu planejar bem, poderei fazer meu dinheiro render mais. [Esta crença é vibratilmente mais compatível com o desejo declarado.]

Crença: Estou muito contente de ter dinheiro suficiente para realizar um grade sonho. [Esta crença é ainda mais vibratilmente compatível com o desejo declarado.]

DESEJO: *Quero ganhar dinheiro com mais facilidade.*

Crença: Tenho a sensação de que passo a maior parte da vida tentando ganhar dinheiro. [Esta crença é vibratilmente incompatível com o desejo declarado.]

Crença: Vou procurar trabalhos que rendam mais dinheiro. Eles certamente existem. [Esta crença é vibratilmente mais compatível com o desejo declarado.]

Crença: Estou contente por ter uma habilidade que me rende dinheiro suficiente para ter uma vida confortável. [Esta crença é ainda mais vibratilmente compatível com o desejo declarado.]

DESEJO: *Quero me sentir bem por ter dinheiro.*

Crença: Minha mãe sempre afirmou que dinheiro não traz felicidade e que as pessoas ricas são vazias e insatisfeitas. [Esta crença é vibratilmente incompatível com o desejo declarado.]

Crença: Já vi pessoas ricas bastante felizes e realizadas e pessoas com menos dinheiro frustradas e amargas. O dinheiro não precisa arruinar a vida de ninguém. [Esta crença é vibratilmente mais compatível com o desejo declarado.]

Crença: Acho o dinheiro libertador. Ele elimina limitações e proporciona oportunidades. [Esta crença é ainda mais vibratilmente compatível com o desejo declarado.]

DESEJO: *Quero passar a ter equilíbrio financeiro.*

Crença: Por mais que eu tente ou trabalhe, alguma coisa sempre parece me impedir de melhorar de vida. [Esta crença é vibratilmente incompatível com o desejo declarado.]

Crença: Estou conseguindo me organizar melhor para exercer mais controle sobre meus gastos. [Esta crença é vibratilmente mais compatível com o desejo declarado.]

Crença: Sinto nitidamente que estou pouco a pouco chegando ao equilíbrio. [Esta crença é ainda mais vibratilmente compatível com o desejo declarado.]

DESEJO: *Quero ficar livre de dívidas.*

Crença: Não agüento mais estar sempre endividado. Tenho tantas despesas com minha família que praticamente não sobra nada para mim. [Esta crença é vibratilmente incompatível com o desejo declarado.]

Crença: Estou conseguindo controlar minhas dívidas. Foi preciso apertar o cinto, mas isso me fez apreciar melhor coisas mais simples. [Esta crença é vibratilmente mais compatível com o desejo declarado.]

Crença: Com ou sem dívidas, posso alcançar o equilíbrio financeiro. Alguns dos indivíduos mais ricos do planeta possuem grandes dívidas. [Esta crença é ainda mais vibratilmente compatível com o desejo declarado.]

Quando decidir que vai melhorar o relacionamento vibrátil entre o seu desejo em relação a dinheiro e a sua crença atual em relação a dinheiro, você começará a ver resultados imediatos. Como o dinheiro afeta a sua vida de tantas e diferentes maneiras, você pensa nele com mais freqüência. Por isso, vale a pena fazer um esforço para se sentir melhor sempre que esse assunto vier à tona, pois assim você rapidamente modificará o seu ponto de atração. A melhora na relação vibrátil entre seus *desejos* e suas *crenças* ficará perceptível imediatamente.

Capítulo 17

Relação vibrátil: meu mundo

Eis alguns exemplos de relação vibrátil entre os desejos e as crenças mais comuns sobre o mundo.

Mais uma vez: para que qualquer desejo se realize, é preciso haver compatibilidade vibrátil entre seus desejos e suas crenças.

DESEJO: *Quero que o mundo seja um lugar mais feliz.*

Crença: Há tanto sofrimento e miséria no mundo! [Esta crença é vibratilmente incompatível com o desejo declarado.]

Crença: Apesar de todos os problemas, minha vida é bastante boa. [Esta crença é vibratilmente mais compatível com o desejo declarado.]

Crença: Veja aquelas crianças correndo alegremente pelo campo florido. [Esta crença é ainda mais vibratilmente compatível com o desejo declarado.]

DESEJO: *Quero que as pessoas se dêem bem umas com as outras.*

Crença: Há muitos conflitos e guerras ocorrendo atualmente. [Esta crença é vibratilmente incompatível com o desejo declarado.]

Crença: Nem todas as pessoas estão envolvidas em conflitos. [Esta crença é vibratilmente mais compatível com o desejo declarado.]

Crença: Há no mundo muitas pessoas que fazem o bem, são felizes e vivem em harmonia. [Esta crença é ainda mais vibratilmente compatível com o desejo declarado.]

DESEJO: *Quero que o mundo seja um lugar seguro.*

Crença: E se algum desastre ecológico perturbar a qualidade de vida de nosso planeta? [Esta crença é vibratilmente incompatível com o desejo declarado.]

Crença: O mundo já sofreu com grandes catástrofes, e no entanto continua a existir e a prosperar. [Esta crença é vibratilmente mais compatível com o desejo declarado.]

Crença: A qualidade de vida do noso planeta está cada vez melhor, e as pessoas se empenham por mantê-la. [Esta crença é ainda mais vibratilmente compatível com o desejo declarado.]

DESEJO: *Quero que o mundo seja um lugar saudável.*

Crença: Há tantas coisas que ameaçam nossa saúde no mundo de hoje! [Esta crença é vibratilmente incompatível com o desejo declarado.]

Crença: Embora ainda haja muitas doenças, a medicina avança e as pessoas estão mais conscientes dos cuidados a tomar. [Esta crença é vibratilmente mais compatível com o desejo declarado.]

Crença: Nosso planeta possui imensa capacidade de recuperação. [Esta crença é ainda mais vibratilmente compatível com o desejo declarado.]

DESEJO: *Quero aproveitar melhor este mundo.*

Crença: Aproveito muito pouco as imensas possibilidades que o mundo oferece. Sinto que estou perdendo muita coisa. [Esta crença é vibratilmente incompatível com o desejo declarado.]

Crença: A tecnologia torna o mundo mais acessível. Posso ver lugares e obter informações sobre eles sem visitá-los pessoalmente. [Esta crença é vibratilmente mais compatível com o desejo declarado.]

Crença: Adoro explorar o mundo que me cerca. Vou começar a prestar mais atenção *a qualquer lugar* onde eu esteja. [Esta crença é ainda mais vibratilmente compatível com o desejo declarado.]

Antes de a tecnologia permitir ver o que acontecia em lugares distantes, as pessoas usufruíam mais do que as cercava. Mas a mídia concentra seu foco nas desgraças, omitindo o que há de positivo no mundo, e assim fornece uma visão bastante distorcida da qualidade de vida no planeta.

Desejamos que você compreenda que não tem poder para evitar calamidades. *O seu trabalho consiste em cuidar do seu próprio Equilíbrio de Energia. Ao fazer isso, o* seu *mundo entrará em perfeito alinhamento.*

Capítulo 18

Relação vibrátil: o governo

Vamos dar alguns exemplos do relacionamento vibrátil entre os desejos e as crenças comuns que vemos em muitas pessoas em relação a seus governos.

Mais uma vez: para que qualquer desejo se realize é preciso haver compatibilidade vibrátil entre seus desejos e suas crenças.

DESEJO: *Quero líderes sábios e responsáveis no comando do governo.*

Crença: Os líderes que governam meu país parecem ignorantes e irresponsáveis. [Esta crença é vibratilmente incompatível com o desejo declarado.]

Crença: É provável que na equipe do governo existam algumas pessoas talentosas e sábias. [Esta crença é vibratilmente mais compatível com o desejo declarado.]

Crença: Vejo que muitas áreas do governo estão sendo bem conduzidas. [Esta crença é ainda mais vibratilmente compatível com o desejo declarado.]

Desejo: *Quero que o governo reflita sobre os anseios e as esperanças dos cidadãos que representa.*

Crença: Os políticos prometem muitas coisas durante a campanha eleitoral, mas, assim que tomam posse, defendem apenas seus próprios interesses. [Esta crença é vibratilmente incompatível com o desejo declarado.]

Crença: O governo é uma entidade de atuação bastante complexa. Embora algumas de suas medidas pareçam desequilibradas, existem outras extremamente positivas. [Esta crença é vibratilmente mais compatível com o desejo declarado.]

Crença: Meu país é cheio de possibilidades maravilhosas, e há muita gente honesta e competente para governá-lo. [Esta crença é ainda mais vibratilmente compatível com o desejo declarado.]

Desejo: *Quero que o governo seja justo e equilibrado.*

Crença: O atual governo do país não está aberto ao diálogo e tem uma postura muito autoritária. [Esta crença é vibratilmente incompatível com o desejo declarado.]

Crença: Reconheço que o governo me parece injusto e arrogante quando sua visão das necessidades do país diverge das minhas. Talvez essa divergência faça parte do processo de equilíbrio. [Esta crença é vibratilmente mais compatível com o desejo declarado.]

Crença: Às vezes discordo da orientação do atual governo, mas a eleição está próxima e confio que seremos capazes de eleger governantes mais competentes e democráticos. [Esta crença é ainda mais vibratilmente compatível com o desejo declarado.]

~

DESEJO: *Quero um governo que seja respeitado pelos outros países.*

Crença: As atitudes arrogantes e prepotentes do governo em relação aos outros países me deixam profundamente envergonhado. [Esta crença é vibratilmente incompatível com o desejo declarado.]

Crença: Minha opinião sobre a relação do governo do meu país com outras nações é baseada em informações muito limitadas. [Esta crença é vibratilmente mais compatível com o desejo declarado.]

Crença: No meu país, os governantes que se sucederam contribuíram muito para o progresso do mundo. [Esta crença é ainda mais vibratilmente compatível com o desejo declarado.]

Pode ser que você ache que muitas dessas crenças soam falso.

Mas entenda bem: não queremos convencê-lo de um fato do qual discorda. Queremos apenas que você encontre uma maneira de entrar em alinhamento com seu desejo. Porque, quando fizer isso, a sua vida e o seu mundo refletirão esse equilíbrio. Caso contrário, não existirá no mundo ação suficiente capaz de compensar o desalinhamento de Energias.

Capítulo 19

Realinhando-se com a sua vibração de Bem-Estar

É provável que a leitura nas páginas anteriores dos exemplos de *desejos* e *crenças* tenha ativado em você muitas vibrações. Você pode ter se identificado ou não com algumas crenças ligadas a questões que fazem parte da sua vida. Voltamos a repetir, porque queremos que se lembre da importante premissa que estamos apresentando aqui: *É preciso que a vibração do seu desejo e a vibração da sua crença coincidam, porque sem esse alinhamento vibrátil* você *não está posicionado. E, enquanto estiver fora de alinhamento, não poderá permitir que o Bem-Estar que deseja e pede flua para a sua experiência.*

É muito comum: desejar *mais dinheiro* e acreditar *que simplesmente não existe dinheiro suficiente.*

É muito comum: desejar *perder peso* e acreditar *que nenhuma dieta funciona para você.*

É muito comum: desejar *ter um corpo saudável* e acreditar *que não existe cura para a sua doença.*

Equilibrando as vibrações entre seus desejos e suas crenças

O objetivo dos exemplos que oferecemos foi ajudá-lo a compreender que cabe a você promover o equilíbrio vibrátil entre seus *desejos* e suas *crenças.* Se o seu corpo está saudável, ou se tem todo o dinheiro de que precisa, você pode pensar sobre sua situação e falar sobre ela – tal como é – sem causar um desequilíbrio vibrátil entre seus *desejos* e suas *crenças*. Mas, se as coisas não estiverem do jeito que deseja em relação a qualquer assunto, e você continuar a falar sobre elas tal como *são*, haverá uma divergência vibrátil entre seu *desejo* e sua *crença*. E essa divergência vibrátil o impedirá de realizar seu desejo. Não se esqueça: as suas emoções irão, no momento em que você pensar ou falar sobre o assunto, indicar esse desequilíbrio vibrátil.

Este é o seu equilíbrio de energia fundamental

Volte a ler os exemplos de crenças e desejos que oferecemos aqui e tente notar a sua sensação de divergência entre o desejo declarado e o primeiro exemplo de crença que oferecemos. Observe se você sente alívio quando lê o segundo exemplo de crença, e mais alívio ainda ao ler o terceiro.

Para começar a vivenciar a maravilhosa melhora na sua própria experiência de vida – sobre qualquer assunto importante para você – é preciso apenas compreender e melhorar intencionalmente o relacionamento vibrátil entre seu *desejo* e sua *crença* – este é o equilíbrio de energia fundamental.

Voltamos a dizer: não se trata de negar fatos que lhe pareçam incontestáveis. O fundamental é perceber que a sua concentração nas crenças que ativam dentro de você vibrações opostas às dos seus próprios desejos não permitirá que encontre a melhora que procura. Você não pode continuar a estimular dentro de si uma ativação vibrátil que se oponha às suas próprias intenções, se quiser realizá-las. É fundamental colocar primeiro a vibração do seu Ser em alinhamento.

Capítulo 20

Encontrando alinhamento vibrátil com seu Ser Interior

É muito importante ter uma percepção contínua da relação vibrátil entre aquilo em que você concentra sua atenção e o foco de atenção do seu Ser Interior. Se você se lembrar que a atenção do seu Ser Interior *está sempre voltada para o* resultado *que deseja – e então tentar encontrar um alinhamento vibrátil com seu Ser Interior –, você entrará em alinhamento vibrátil com o resultado desejado.*

Eis as principais razões que devem levá-lo a se alinhar com seu Ser Interior/Fonte/quem você realmente é:

- Sua parte Não-Física é a soma de tudo aquilo que você se tornou e por isso é muito sábia.
- Sua parte Não-Física é a Energia Essencial e por isso é o equivalente vibrátil do amor e do Bem-Estar.
- A vibração do seu Ser Interior é Energia Positiva Pura (livre das resistências que você cria) e por isso é extremamente poderosa e eficiente.

Portanto, quando se dedica a aumentar o alinhamento vibrátil com a sua parte Não-Física, você se abre para essa sabedoria, esse amor, esse Bem-Estar e esse poder. Quando está em alinhamento com a sua Fonte, você vivencia a clareza, a vitalidade, o entusiasmo, a paixão e o Bem-Estar, que são seu estado natural.

Estou permitindo o meu Bem-Estar ou resistindo a ele?

Chamamos de *permissão* o seu alinhamento vibrátil com sua Fonte e de *falta de permissão* o desalinhamento com ela. Quanto mais você ficar fora de alinhamento, e quanto menos permitir sua Conexão com a Fonte, mais entrará em estado de *resistência* vibrátil, de resistência à prosperidade, à saúde, à clareza, à abundância e ao seu Bem-Estar pessoal. *Prestar atenção a suas emoções ajudará você a perceber quanto está permitindo ou resistindo em um determinado momento:* quanto melhor estiver se sentindo, mais estará permitindo a Conexão com a Fonte. Quanto pior estiver se sentindo, menos estará permitindo a Conexão com a Fonte.

A decisão mais importante a ser tomada

Quando resolver *deliberadamente* prestar atenção à relação vibrátil entre você e sua Fonte, terá tomado uma decisão da maior importância. Seu Sistema de Orientação pessoal ficará conscientemente ativado e você nunca voltará a se perder. Quando compreender o que significam suas emoções e puder intencionalmente escolher pensamentos que o façam sentir-se cada vez melhor, tudo o que você deseja fluirá rápida e facilmente para a sua vida.

E, à medida que novas intenções continuarem a nascer dentro de você, a crença na sua capacidade de realizá-las crescerá também. Você começará a se sentir livre, invencível, cheio de entusiasmo e alegria.

Resumindo: a relação vibrátil entre você e seu Ser Interior se expressa nas emoções que o fazem sentir-se bem e nas que o fazem sentir-se mal. As emoções que o fazem sentir-se bem indicam alinhamento com sua Fonte, e as emoções que o fazem sentir-se mal indicam desalinhamento e resistência à Energia da sua Fonte.

Quando encontrar um pensamento que o faça se sentir melhor, você experimentará uma grande sensação de alívio.

Então, quando concluir que nada é mais importante do que se sentir bem, você terá chegado ao ponto mais importante, porque decidirá intencionalmente *administrar o relacionamento vibrátil entre você e sua Fonte. Você decidirá usar o Sistema de Orientação com o qual nasceu para monitorar e controlar a relação vibrátil entre a vibração causada por seu foco de atenção atual e a vibração do seu Ser Interior. Você terá decidido cuidar da Conexão com sua Fonte e aumentá-la. Terá escolhido a clareza, a vitalidade, o entusiasmo, a abundância de todas as coisas que considera boas – e a alegria.*

Capítulo 21

A Escala de Orientação Emocional: da permissão à resistência

Imagine uma Escala de Orientação Emocional com pensamentos que o fazem sentir-se bem numa extremidade e pensamentos que o fazem sentir-se mal na outra. A seguir reconheça que a extremidade que o faz sentir-se bem se iguala à *permissão*, e que a que o faz sentir-se mal se iguala à *resistência*. Portanto, é óbvio que, dependendo dos pensamentos que escolhe, você pode se mover para uma ou para outra extremidade dessa escala. O pensamento que o faz sentir-se melhor indica permissão; *aquele* que o faz sentir-se pior indica resistência.

Uma escala das suas emoções seria algo assim:

1. Alegria/Sabedoria/Autoconfiança/Liberdade/Amor/Valorização
2. Paixão
3. Entusiasmo/Animação/Felicidade
4. Expectativa Positiva/Crença
5. Otimismo
6. Esperança
7. Contentamento

8. Tédio
9. Pessimismo
10. Frustração/Irritação/Impaciência
11. Sobrecarga
12. Desapontamento
13. Dúvida
14. Preocupação
15. Culpa
16. Desânimo
17. Raiva
18. Vingança
19. Ódio/Ira
20. Inveja
21. Insegurança/Censura/Desvalorização
22. Medo/Sofrimento/Depressão/Desespero/Impotência

É claro que cada pessoa irá sentir essas emoções de uma forma específica. Mas o que realmente importa é buscar conscientemente uma emoção mais agradável, mudando o pensamento ou a crença que geram sentimentos positivos e negativos.

Procure continuadamente libertar-se da resistência

Uma maneira bastante eficaz de equilibrar a sua Energia é procurar incessantemente alcançar sentimentos de alívio. Um sentimento de *alívio* sempre indica uma melhora na sua vibração e significa uma libertação da *resistência* ou um aumento da *permissão. Se estivéssemos no seu lugar, ficaríamos especialmente atentos para o alívio provocado por um pensamento.*

Quando procura continuadamente pensamentos que o fazem sentir-se ligeiramente melhor, você passa a ver cada vez mais seu mundo do modo como o seu Ser Interior o vê. E durante esse processo você abandona a resistência.

A sua resistência é o único fator que o impede de conseguir todas as coisas maravilhosas que você deseja.

A doença está associada à resistência.

A confusão está associada à resistência.

A pobreza está associada à resistência.

A tristeza está associada à resistência.

Os acidentes de carro estão associados à resistência...

Todas as coisas que você considera negativas existem apenas por causa da sua resistência ao seu Bem-Estar natural.

Não existe uma Fonte de coisas "indesejadas"

Fique certo: não existe uma Fonte de doença, de negatividade ou de mal. Existe apenas uma resistência que você oferece à Fonte de seu Bem-Estar natural.

A busca de alívio, momento após momento, pensamento após pensamento, fará com que você se aproxime cada vez mais da sua Fonte de Bem-Estar. Quando perceber a maneira como se sente e intencionalmente tentar ver as coisas sob um ângulo que o faça sentir-se cada vez melhor, você permitirá mais e resistirá menos – e as circunstâncias e os acontecimentos da sua vida começarão a refletir imediatamente essas mudanças. O *alívio* indica a liberação da resistência, que equivale a mover-se em direção a mais *permissão*. É uma utilização eficaz do seu Sistema de Orientação Emocional.

Capítulo 22

O equilíbrio de energias para a alegre criação

A expansão do Universo depende do seguinte processo: o contraste causa um foco de desejo e, através da Lei da Atração, esse desejo é atendido pela Energia Essencial. Ou seja, quando pede, você sempre é atendido.

Muitos afirmam que pedem mas não recebem aquilo que pedem. Explicamos que em todos os momentos e a partir de qualquer perspectiva pessoas pedem coisas e sempre são atendidas. Todavia, o *pedido* a que estamos nos referindo não é formulado por palavras ou frases, mas pela emanação de vibrações que irradiam continuamente de você.

A única razão de as pessoas não receberem o que pediram é estarem vibratilmente separadas de seus próprios desejos – as freqüências vibráteis daquilo que querem e daquilo que está dominantemente ativo dentro delas precisam se igualar.

Exemplos de equilíbrio de freqüências vibráteis conflitantes

Os exemplos que daremos a partir do próximo capítulo mostrarão como você pode se beneficiar da utilização do seu Sistema de Orientação Emocional e da melhora intencional da relação vibrátil entre seus *desejos* e suas *crenças.*

SITUAÇÃO CONFLITANTE ATUAL: Primeiro, descreveremos uma situação comum. Observe as crenças que estão ativas dentro da situação.

DESEJO(S) RESULTANTE(S): A seguir, listaremos os desejos que nascem da situação. Lembre-se de que, no momento em que sabe o que *não* quer, você sempre sabe com mais clareza o que *de fato* quer.

EMOÇÃO(ÕES) RESULTANTE(S) OU INDICAÇÃO DE DIVERGÊNCIA(S) VIBRÁTIL(EIS): Depois, listaremos as emoções que indicam quais são as atuais vibrações ativas (crenças).

ESFORÇO INTENCIONAL PARA MELHORAR O RELACIONAMENTO VIBRÁTIL ENTRE MEU NOVO DESEJO E MINHA CRENÇA ATUAL: Ofereceremos uma série de afirmações para ajudá-lo a alinhar a vibração ativa atual (crença) com o desejo. Enquanto estiver lendo, veja se consegue sentir a melhora na relação vibrátil entre os *desejos* e as *crenças*. Lembre-se de que o sentimento de alívio indica liberação de resistência e melhora no relacionamento vibrátil entre o *desejo* e a *crença*. Em outras palavras, quanto melhor você se sentir, mais equilibradas estarão as suas Energias. É claro que você poderia dizer também: "Quanto mais equilibradas estiverem as minhas energias, melhor me sentirei."

RESULTADO: Por fim, indicaremos a melhora específica na relação vibrátil entre o *desejo* e a *crença*, evidenciada pela emoção que o faz se sentir melhor.

Essa compreensão é extremamente importante porque, depois de compreender o processo de alinhar intencionalmente as vibrações das suas *crenças* com as vibrações das suas intenções, você será o Criador Intencional da sua experiência – e poderá realizar todos os seus desejos.

Lembre-se: se a sua vida atual tem os recursos necessários para produzir qualquer desejo dentro de você, então os recursos para o total recebimento ou manifestação desse desejo também existem.

Capítulo 23

Meu corpo

SITUAÇÃO CONFLITANTE DE PESO CORPORAL: Estou 25 quilos acima do peso ideal. Já experimentei muitas dietas diferentes. Todas funcionaram até certo ponto, por algum tempo, e perdi algum peso... mas então recuperei tudo e ainda acrescentei mais alguns quilos. Minhas roupas não caem bem; não gosto da minha aparência e não sei o que fazer. *Sinto-me frustrado. Sinto-me desanimado.*

DESEJOS RESULTANTES: Quero descobrir uma maneira de perder peso. Quero poder manter um peso corporal confortável. Quero me sentir bem e ter uma boa aparência.

EMOÇÕES RESULTANTES OU INDICAÇÃO DE DIVERGÊNCIAS VIBRÁTEIS: *Sinto-me frustrado. Sinto-me desanimado.* (Há uma significativa divergência vibrátil entre meu desejo e minhas crenças.)

ESFORÇO INTENCIONAL PARA MELHORAR O RELACIONAMENTO VIBRÁTIL ENTRE MEU NOVO DESEJO E MINHA CRENÇA ATUAL:

- Já consegui perder peso algumas vezes.
- Sei que certas coisas funcionam para mim.
- Quando concentro minha mente em alguma coisa, geralmente obtenho resultados.

- Já pesei mais do que neste exato momento.
- De fato, sinto que fico bem em algumas roupas.

RESULTADO: A relação vibrátil melhorou.

SITUAÇÃO CONFLITANTE DE SAÚDE: Recebi um diagnóstico médico que me amedronta. Estou especialmente preocupado porque meus pais tiveram a mesma doença e já ouvi falar que vários outros membros de minha família morreram desse mal. *Sinto medo.*

DESEJO RESULTANTE: Quero ser saudável.

EMOÇÃO RESULTANTE OU INDICAÇÃO DE DIVERGÊNCIAS VIBRÁTEIS: *Estou com medo.* (Há uma significativa divergência vibrátil entre meu desejo e minha crença.)

ESFORÇO INTENCIONAL PARA MELHORAR O RELACIONAMENTO VIBRÁTIL ENTRE MEU NOVO DESEJO E MINHA CRENÇA ATUAL:

- Um diagnóstico não é uma sentença de morte. Pessoas *já* se recuperaram disso.
- Há muitos graus de doença com o mesmo nome.
- Não tenho me sentido mal.
- Na realidade, tenho um corpo saudável.
- Sempre me recupero facilmente das doenças que tenho.

RESULTADO: A relação vibrátil melhorou.

SITUAÇÃO CONFLITANTE DE CANSAÇO: Não tenho energia. Sinto-me cansado o tempo todo. Mal consigo atravessar o dia. Estou tendo muita dificuldade em fazer as coisas que preciso e não consigo apreciar nada por causa do cansaço. *Sinto-me sobrecarregado.*

DESEJOS RESULTANTES: Quero mais energia. Quero me sentir bem.

EMOÇÕES RESULTANTES OU INDICAÇÃO DE DIVERGÊNCIAS VIBRÁTEIS: *Sinto-me sobrecarregado.* (Há uma significativa divergência vibrátil entre meu desejo e minhas crenças.)

ESFORÇO INTENCIONAL PARA MELHORAR O RELACIONAMENTO VIBRÁTIL ENTRE MEU NOVO DESEJO E MINHA CRENÇA ATUAL:

- Sempre consigo fazer o que é realmente necessário.
- Quando estou descansado, sinto-me muito melhor.
- Quando decido, consigo cumprir as tarefas importantes.
- Eu percebo que minha energia flutua.
- Há ocasiões em que me sinto muito melhor do que em outras.

RESULTADO: A relação vibrátil melhorou.

SITUAÇÃO CONFLITANTE DE DECLÍNIO FÍSICO: Preocupo-me com a possibilidade de meu corpo estar se deteriorando. Não tenho a mesma energia de antes e não posso fazer as coisas de que gostava. Sinto dores pelo corpo, meus joelhos doem quando caminho e não ouso mais correr. Estou preocupado com a possibilidade de piorar cada vez mais. *Estou apavorado.*

DESEJOS RESULTANTES: Quero que meu corpo esteja bem. Quero ter disposição e saúde.

EMOÇÕES RESULTANTES OU INDICAÇÃO DE DIVERGÊNCIAS VIBRÁTEIS: *Estou preocupado. Estou apavorado.* (Há uma significativa divergência vibrátil entre meu desejo e minhas crenças.)

ESFORÇO INTENCIONAL PARA MELHORAR O RELACIONAMENTO VIBRÁTIL ENTRE MEU NOVO DESEJO E MINHA CRENÇA ATUAL:

- Fui uma pessoa saudável durante toda a minha vida.
- Mesmo quando eu era mais jovem, meu corpo às vezes ficava contraído.
- Lembro-me de ter sentido dor nos músculos quando ainda estava no colégio.
- Se fizer exercícios físicos, sei que posso melhorar.

RESULTADO: A relação vibrátil melhorou.

Capítulo 24

Minha casa

Situação conflitante do tamanho da casa: Minha casa está uma bagunça. Ela é tão pequena e tão cheia de coisas que não tenho mais lugar para guardar nada. E, por mais que eu me esforce, ela sempre me parece desarrumada. *Sinto-me frustrada. Sinto-me sobrecarregada.*

Desejos resultantes: Quero que minha casa seja organizada. Quero que minha casa tenha uma aparência melhor. Quero poder encontrar as coisas.

Emoções resultantes ou indicação de divergências vibráteis: *Sinto-me frustrada. Sinto-me sobrecarregada.* (Há uma significativa divergência vibrátil entre meu desejo e minhas crenças.)

Esforço intencional para melhorar o relacionamento vibrátil entre meu novo desejo e minha crença atual:

- Posso ser mais organizada do que sou hoje em dia.
- Não preciso de todas as coisas que guardo em minha casa.
- Poderia me desfazer de algumas coisas e ganhar mais espaço.
- Posso fazer isso aos poucos.

Resultado: A relação vibrátil melhorou.

SITUAÇÃO DE DETERIORAÇÃO DA CASA: Moro na mesma casa há muito tempo, e ela não atende mais às minhas necessidades. Mas não tenho dinheiro para mudar daqui. Eu não sinto vontade de voltar para casa no fim do dia nem de convidar meus amigos para me visitarem. *Sinto frustração. Sinto irritação. Estou pessimista.*

DESEJOS RESULTANTES: Quero uma casa maior e melhor. Quero ter prazer de estar em casa. Quero mais dinheiro para poder comprar uma casa melhor.

EMOÇÕES RESULTANTES OU INDICAÇÃO DE DIVERGÊNCIAS VIBRÁTEIS: *Sinto frustração. Sinto irritação. Estou pessimista.* (Há uma significativa divergência vibrátil entre meu desejo e minhas crenças.)

ESFORÇO INTENCIONAL PARA MELHORAR O RELACIONAMENTO VIBRÁTIL ENTRE MEU NOVO DESEJO E MINHA CRENÇA ATUAL:

- Tenho em minha casa alguns objetos de que gosto muito.
- Quando nos mudamos para essa casa, eu me sentia feliz com ela.
- Talvez com algumas reformas a casa fique com outro aspecto.
- Essas reformas também aumentariam o valor da casa.

RESULTADO: A relação vibrátil melhorou.

SITUAÇÃO CONFLITANTE COM VIZINHOS: Eu costumava gostar daqui, mas as pessoas que se mudaram para a casa ao lado são péssimas. O cachorro delas usa o nosso quintal como banheiro, elas têm três ou quatro carros caindo aos pedaços estacionados na entrada, e eu sinto vergonha de receber visitas. *Sinto raiva. Sinto desânimo.*

Desejos resultantes: Quero morar num local agradável. Quero ter vizinhos bem-educados.

Emoções resultantes ou indicação de divergências vibráteis: *Sinto raiva. Sinto desânimo.* (Há uma significativa divergência vibrátil entre meu desejo e minhas crenças.)

Esforço intencional para melhorar o relacionamento vibrátil entre meu novo desejo e minha crença atual:

- Meus convidados não parecem se importar com meus vizinhos.
- Talvez esses vizinhos não fiquem lá por muito tempo.
- A filhinha deles é encantadora.
- Adoro fazer churrasco aos domingos em nosso quintal.

Resultado: A relação vibrátil melhorou.

Situação conflitante de manutenção da casa: Manter a casa está custando uma fortuna. Como ela não foi bem construída, agora, que está com 10 anos, suas instalações estão constantemente quebrando. Todos os dias noto algo que precisa ser consertado. *Sinto-me frustrado. Sinto-me sobrecarregado. Sinto-me desanimado.*

Desejos resultantes: Quero que as coisas da minha casa funcionem bem. Quero uma casa nova.

Emoções resultantes ou indicação de divergências vibráteis: *Sinto-me frustrado. Sinto-me sobrecarregado. Sinto-me desanimado.* (Há uma significativa divergência vibrátil entre meu desejo e minhas crenças.)

Esforço intencional para melhorar o relacionamento vibrátil entre meu novo desejo e minha crença atual:

- Vou fazer um contrato de manutenção permanente que me fará economizar.
- Tenho o maior gosto em morar numa casa em ordem.
- Aprecio muito os equipamentos domésticos desta casa.
- Minha família tem sido muito feliz aqui.

Resultado: A relação vibrátil melhorou.

Capítulo 25

Meus relacionamentos

SITUAÇÃO CONFLITANTE COM FILHO ADULTO: Tenho uma filha adulta que vive reclamando de mim. Por mais que eu fique com ela, nunca é suficiente. Quando *estamos juntos*, ela se queixa das minhas ausências! É verdade que sou extremamente ocupado e não tenho muito tempo para estar com ela. Além disso, não acho agradável ficar ouvindo suas queixas constantes. *Sinto-me culpado. Sinto raiva. Sinto-me frustrado.*

DESEJOS RESULTANTES: Quero gostar de estar em companhia de minha filha. Quero que minha filha me ame. Quero que minha filha seja feliz.

EMOÇÕES RESULTANTES OU INDICAÇÃO DE DIVERGÊNCIAS VIBRÁTEIS: *Sinto-me culpado. Sinto raiva. Sinto-me frustrado.* (Há uma significativa divergência vibrátil entre meu desejo e minhas crenças.)

ESFORÇO INTENCIONAL PARA MELHORAR O RELACIONAMENTO VIBRÁTIL ENTRE MEU NOVO DESEJO E MINHA CRENÇA ATUAL:

- Todos os relacionamentos passam por crises, e estas podem ser boas oportunidades de crescimento.
- Já vivi fases excelentes com minha filha.

- Ela tem uma personalidade maravilhosa.
- Fico feliz por ela desejar estar comigo.

Resultado: A relação vibrátil melhorou.

Situação conflitante de solidão: Não tenho muitos amigos. Na verdade, não tenho nem mesmo um amigo íntimo e acho triste passar a vida sozinho. Tive amizades no passado, mas nada que fosse duradouro. Parece que as pessoas só estão interessadas no que podem tirar de mim, mas não querem me dar nada em troca. *Sinto-me desanimado. Sinto-me solitário. Sinto tristeza.*

Desejos resultantes: Quero um bom amigo. Quero amizades que sejam prazerosas para ambas as partes.

Emoções resultantes ou indicação de divergências vibráteis: *Sinto-me desanimado. Sinto-me solitário. Sinto tristeza.* (Há uma significativa divergência vibrátil entre meu desejo e minhas crenças.)

Esforço intencional para melhorar o relacionamento vibrátil entre meu novo desejo e minha crença atual:

- Sempre fui muito independente.
- Não gosto da sensação de ser necessário ou de *estar precisando* de alguém.
- Quando conto histórias interessantes, as pessoas se divertem.
- Eu realmente gosto de coisas engraçadas e de rir com os outros.

Resultado: A relação vibrátil melhorou.

SITUAÇÃO CONFLITANTE DE RELAÇÃO MATRIMONIAL: Ainda amo minha esposa, mas nosso relacionamento deixou de ser como era no início. Quando nos casamos, eu mal conseguia esperar para vê-la no final do dia, e agora, para ser honesto, sinto uma certa angústia quando tenho que voltar para casa. Ela vive reclamando, e acho que me culpa por tudo que não sai do jeito que ela quer. Não desejo me separar, mas não estou feliz. *Sinto frustração. Sinto culpa. Sinto irritação.*

DESEJOS RESULTANTES: Quero gostar de ir para casa e estar com minha esposa. Quero sentir muito amor por ela. Quero que ela me ame e seja feliz comigo.

EMOÇÕES RESULTANTES OU INDICAÇÃO DE DIVERGÊNCIAS VIBRÁTEIS: *Sinto frustração. Sinto culpa. Sinto irritação.* (Há uma significativa divergência vibrátil entre meu desejo e minhas crenças.)

ESFORÇO INTENCIONAL PARA MELHORAR O RELACIONAMENTO VIBRÁTIL ENTRE MEU NOVO DESEJO E MINHA CRENÇA ATUAL:

- Lembro-me da primeira vez que vi minha esposa.
- Minha esposa criou uma casa eficiente e organizada para nós.
- Minha esposa contribui para as despesas domésticas.
- Quando está bem, minha esposa é uma pessoa interessante e surpreendente.

RESULTADO: A relação vibrátil melhorou.

Situação conflitante com pais intrometidos: Saí da casa de meus pais há 10 anos, mas minha mãe se intromete muito na minha vida. Eu a evito, porque não gosto que mandem em mim. Então ela fica furiosa, o que é ainda pior. Mas, quando estamos juntos, ela me trata como se eu fosse uma criança irresponsável. *Sinto muita irritação. Sinto raiva.*

Desejos resultantes: Quero que minha mãe me deixe em paz. Quero que minha mãe seja uma pessoa mais fácil de se conviver. Quero que minha mãe compreenda que sou responsável por mim mesmo e que posso tomar minhas próprias decisões.

Emoções resultantes ou indicação de divergências vibráteis: *Sinto muita irritação. Sinto raiva.* (Há uma significativa divergência vibrátil entre meu desejo e minhas crenças.)

Esforço intencional para melhorar o relacionamento vibrátil entre meu novo desejo e minha crença atual:

- Os pais procuram orientar os filhos com a melhor das intenções.
- Sei que minha mãe gosta de mim e quer o meu bem.
- Não preciso ficar tão contrariado com as interferências de minha mãe.
- Às vezes suas sugestões são úteis.
- Quando eu era pequeno, ela me contava histórias e me tratava com carinho.

Resultado: A relação vibrátil melhorou.

Capítulo 26

Meu trabalho

SITUAÇÃO CONFLITANTE COM COLEGA DE TRABALHO: Divido uma sala com uma pessoa que mal consigo suportar. Ela fala o tempo todo e só diz coisas desagradáveis. Ela não gosta do trabalho que faz e me trata como se eu fosse um idiota quando percebe que aprecio o meu. Gostaria que ela pedisse demissão ou fosse demitida. A vida é curta demais para precisarmos passar tanto tempo com uma pessoa tão desagradável. *Sinto irritação. Sinto rejeição. Sinto raiva.*

DESEJOS RESULTANTES: Quero trabalhar com pessoas simpáticas. Quero me sentir bem quando estou trabalhando.

EMOÇÕES RESULTANTES OU INDICAÇÃO DE DIVERGÊNCIAS VIBRÁTEIS: *Sinto irritação. Sinto rejeição. Sinto raiva.* (Há uma significativa divergência vibrátil entre meu desejo e minhas crenças.)

ESFORÇO INTENCIONAL PARA MELHORAR O RELACIONAMENTO VIBRÁTIL ENTRE MEU NOVO DESEJO E MINHA CRENÇA ATUAL:

- Aprendi a me concentrar quando estou trabalhando.
- E, por estar concentrado, consigo produzir muito.
- Minha colega de sala tem um sorriso bonito e pode ser simpática.

- Tenho certeza de que ela também gostaria de se sentir melhor no trabalho.

Resultado: A relação vibrátil melhorou.

Situação conflitante de emprego: Se comparar meu emprego com muitos outros, recebo um bom salário. Mas não tenho mais vontade de ir para o trabalho porque venho fazendo basicamente a mesma coisa há muito tempo e não me sinto nem um pouco estimulado. A não ser que eu cometa um erro, ninguém parece notar o que faço. O dia passa lentamente... e no dia seguinte tenho de voltar e fazer a mesma coisa de sempre. *Sinto tédio. Estou pessimista.*

Desejos resultantes: Quero um trabalho mais excitante e mais estimulante. Quero sentir vontade de ir para o trabalho. Quero sentir entusiasmo com meu trabalho.

Emoções resultantes ou indicação de divergências vibráteis: *Sinto tédio. Estou pessimista.* (Há uma significativa divergência vibrátil entre meu desejo e minhas crenças.)

Esforço intencional para melhorar o relacionamento vibrátil entre meu novo desejo e minha crença atual:

- Quando me entrego a uma tarefa, consigo apreciá-la.
- Gosto de aprimorar meu método de realizar meu trabalho.
- Vou procurar novas maneiras de poder ser útil.
- Gosto realmente de me sentir útil.

Resultado: A relação vibrátil melhorou.

SITUAÇÃO CONFLITANTE NA CARREIRA DE ATRIZ: Desde pequena desejo ser atriz. Tive algumas aulas e descobri que levo muito jeito. De tempos em tempos, consigo algum trabalho, porém nada que realmente me empolgue. É difícil. São tantas as pessoas que se candidatam a esse tipo de trabalho que me parece inútil tentar. Talvez eu devesse esquecer a carreira de atriz e procurar um emprego de verdade. *Sinto-me desapontada. Sinto-me desanimada.*

DESEJOS RESULTANTES: Quero conseguir alguns excelentes trabalhos como atriz. Quero fazer um personagem que me leve a ser reconhecida como boa atriz. Quero conseguir papéis que me propiciem mais trabalhos.

EMOÇÕES RESULTANTES OU INDICAÇÕES DE DIVERGÊNCIAS VIBRÁTEIS: *Sinto-me desapontada. Sinto-me desanimada.* (Há uma significativa divergência vibrátil entre meu desejo e minhas crenças.)

ESFORÇO INTENCIONAL PARA MELHORAR O RELACIONAMENTO VIBRÁTIL ENTRE MEU NOVO DESEJO E MINHA CRENÇA ATUAL:

- Vou conseguir *algum* trabalho como atriz.
- Estou acumulando experiência.
- Acabo conhecendo pessoas interessantes.
- Já participei de algumas apresentações muito boas.
- Adoro a sensação de uma representação realmente boa.

RESULTADO: A relação vibrátil melhorou.

SITUAÇÃO CONFLITANTE DE ABUNDÂNCIA: Meu marido e eu ganhávamos pouco em nossos empregos e tínhamos vontade de montar um negócio próprio. Um amigo gostou da idéia e ofereceu-se para associar-se a nós e nos ajudar a começar. Mas agora, passados dois anos, ainda não cobrimos o investimento inicial e nossa poupança está se reduzindo rapidamente. *Sinto preocupação. Sinto desânimo.*

DESEJOS RESULTANTES: Quero que nosso negócio realmente decole. Quero que o dinheiro flua incessantemente para nosso negócio. Quero que o negócio nos garanta um estilo de vida maravilhoso.

EMOÇÕES RESULTANTES OU INDICAÇÃO DE DIVERGÊNCIAS VIBRÁTEIS: *Sinto preocupação. Sinto desânimo.* (Há uma significativa divergência vibrátil entre meu desejo e minhas crenças.)

ESFORÇO INTENCIONAL PARA MELHORAR O RELACIONAMENTO VIBRÁTIL ENTRE MEU NOVO DESEJO E MINHA CRENÇA ATUAL:

- Estou contente por termos podido abrir nosso negócio.
- Estou grata pela confiança que nosso amigo depositou em nós.
- Estamos inegavelmente ganhando mais dinheiro agora do que no início.
- Descobriremos novas alternativas ao longo do caminho.
- Nossos clientes nos estimam.
- Eu certamente aprecio nossos clientes.

RESULTADO: A relação vibrátil melhorou.

Capítulo 27

Meu dinheiro

SITUAÇÃO CONFLITANTE DE DESEQUILÍBRIO FINANCEIRO: Nunca consegui me estabilizar financeiramente. Coisas inesperadas parecem surgir constantemente, obrigando-me a gastar tudo o que ganho. Como também tenho muitas dívidas no cartão de crédito, na realidade estou gastando mais do que ganhando. Tento controlar as despesas sem muito sucesso. Minha esposa trabalha, e isso ajuda, mas, como nossos filhos estão em fase de crescimento, as despesas estão sempre aumentando. *Sinto preocupação. Sinto desânimo.*

DESEJOS RESULTANTES: Quero ganhar bastante dinheiro para realizar o que desejo e preciso fazer. Quero me livrar das dívidas. Quero poder comprar coisas boas para minha família.

EMOÇÕES RESULTANTES OU INDICAÇÃO DE DIVERGÊNCIAS VIBRÁTEIS: *Sinto preocupação. Sinto desânimo.* (Há uma significativa divergência vibrátil entre meu desejo e minhas crenças.)

ESFORÇO INTENCIONAL PARA MELHORAR O RELACIONAMENTO VIBRÁTIL ENTRE MEU NOVO DESEJO E MINHA CRENÇA ATUAL:

- Temos um estilo de vida confortável.
- Estamos vivendo muito melhor do que nossos pais quando tinham a nossa idade.

- Nossos filhos raramente reclamam sobre a falta de qualquer coisa.
- Nossos filhos são inteligentes e aplicados.
- É muito gratificante ser pai de filhos como esses.

RESULTADO: A relação vibrátil melhorou.

SITUAÇÃO CONFLITANTE DE CARRO DEFEITUOSO: Venho trabalhando desde que saí da escola e consegui economizar o suficiente para dar uma boa entrada na compra do meu carro. Achei um carro usado que parecia realmente bom, mas dois meses depois começou a enguiçar e precisei pegar dinheiro emprestado para consertá-lo. Agora a soma das prestações do carro e do custo do conserto é maior do que se eu tivesse comprado um carro zero quilômetro. *Sinto culpa. Sinto desânimo. Sinto raiva.*

DESEJOS RESULTANTES: Quero um carro novo. Quero receber um benefício real pelo dinheiro que estou pagando.

EMOÇÕES RESULTANTES OU INDICAÇÃO DE DIVERGÊNCIAS VIBRÁTEIS: *Sinto culpa. Sinto desânimo. Sinto raiva.* (Há uma significativa divergência vibrátil entre meu desejo e minhas crenças.)

ESFORÇO INTENCIONAL PARA MELHORAR O RELACIONAMENTO VIBRÁTIL ENTRE MEU NOVO DESEJO E MINHA CRENÇA ATUAL:

- A oficina mecânica conseguiu consertar meu carro.
- Neste momento, ele está funcionando muito bem.
- Estou contente por ter encontrado uma maneira de conseguir dinheiro para consertá-lo.

- Lembro-me do entusiasmo que senti quando vi esse carro.
- Eu gosto muito de dirigir esse carro.

RESULTADO: A relação vibrátil melhorou.

SITUAÇÃO CONFLITANTE DE SEGURANÇA FINANCEIRA: Meu marido e eu trabalhamos a vida inteira. Sempre fomos muito cuidadosos com nosso dinheiro porque queríamos nos preparar bem para a aposentadoria. Conseguimos fazer uma boa poupança. Nosso filho, que trabalha como corretor de títulos, pediu para deixá-lo investir esse dinheiro, garantindo que iria multiplicá-lo. Nós demos o dinheiro e agora perdemos tudo o que conseguimos poupar durante nossa vida. Não vejo como poderemos nos aposentar um dia. *Sinto preocupação. Sinto desânimo. Sinto culpa. Sinto raiva. Sinto insegurança. Sinto medo.*

DESEJOS RESULTANTES: Quero me sentir financeiramente seguro. Quero poder me aposentar um dia. Quero amar meu filho e confiar nele.

EMOÇÕES RESULTANTES OU INDICAÇÃO DE DIVERGÊNCIAS VIBRÁTEIS: *Sinto preocupação. Sinto desânimo. Sinto culpa. Sinto raiva. Sinto insegurança. Sinto medo.* (Há uma significativa divergência vibrátil entre meu desejo e minhas crenças.)

ESFORÇO INTENCIONAL PARA MELHORAR O RELACIONAMENTO VIBRÁTIL ENTRE MEU NOVO DESEJO E MINHA CRENÇA ATUAL:

- Nosso filho, a quem amamos muito, realmente estava bem-intencionado.
- De qualquer jeito, não estávamos planejando nos aposentar logo.

- Nós nos sentimos estimulados por nosso trabalho.
- Existem muitas passagens maravilhosas em nossa vida.
- Planejar o futuro nos serviu para outros objetivos também.

RESULTADO: A relação vibrátil melhorou.

~

SITUAÇÃO CONFLITANTE DE DÍVIDA: Várias empresas de cartão de crédito me enviaram cartões com créditos previamente aprovados. Bastou eu telefonar para desbloquear os cartões. Comprei diversas coisas de que precisava até usar todo o crédito no primeiro cartão; então passei a usar o segundo e o terceiro. Hoje estou com tantas dívidas que mal consigo cobrir os pagamentos mínimos dos que estão vencidos. *Sinto preocupação. Sinto culpa. Sinto desânimo. Sinto insegurança. Sinto medo.*

DESEJOS RESULTANTES: Quero mais dinheiro para poder pagar minhas contas. Quero me livrar das dívidas. Quero ter dinheiro suficiente para poder comprar as coisas que quero e de que preciso.

EMOÇÕES RESULTANTES OU INDICAÇÃO DE DIVERGÊNCIAS VIBRÁTEIS: *Sinto preocupação. Sinto culpa. Sinto desânimo. Sinto insegurança. Sinto medo.* (Há uma significativa divergência vibrátil entre meu desejo e minhas crenças.)

ESFORÇO INTENCIONAL PARA MELHORAR O RELACIONAMENTO VIBRÁTIL ENTRE MEU NOVO DESEJO E MINHA CRENÇA ATUAL:

- Foi bom as empresas de cartão de crédito terem confiado em mim.
- Sempre me orgulhei de cumprir a minha palavra.

- Eu me diverti muito enquanto comprava as coisas de que precisava.
- Minha vida está muito mais confortável por causa das coisas que comprei.
- Vou acabar encontrando um jeito de pagar.

RESULTADO: A relação vibrátil melhorou.

Capítulo 28

Meu mundo

SITUAÇÃO CONFLITANTE DE GUERRAS E FOME: Nosso mundo está um caos. Há guerras, conflitos e muitas pessoas sofrendo. Não compreendo por que, com tanta tecnologia e recursos disponíveis, pessoas ainda passam fome. Creio que já deveríamos ter encontrado soluções. *Sinto desânimo. Sinto indignação. Sinto raiva.*

DESEJOS RESULTANTES: Quero que todos tenham alimento suficiente. Quero que as pessoas vivam em paz e harmonia.

EMOÇÕES RESULTANTES OU INDICAÇÃO DE DIVERGÊNCIAS VIBRÁTEIS: *Sinto desânimo. Sinto indignação. Sinto raiva.* (Há uma significativa divergência vibrátil entre meu desejo e minhas crenças.)

ESFORÇO INTENCIONAL PARA MELHORAR O RELACIONAMENTO VIBRÁTIL ENTRE MEU NOVO DESEJO E MINHA CRENÇA ATUAL:

- Na realidade, quase tudo o que me cerca está em harmonia.
- Raramente vejo pessoas à minha volta passando fome ou sofrendo.
- Sempre houve conflitos no mundo.
- O padrão de vida no mundo está melhorando.

- A consciência de responsabilidade social vem crescendo.

RESULTADO: A relação vibrátil melhorou.

~

SITUAÇÃO CONFLITANTE DO PLANETA: O planeta parece instável. São tantos os terremotos, os deslizamentos de terra, os tsumamis, as enchentes e os furacões que causam imensa destruição. Fico ansioso com todas essas ameaças. *Sinto preocupação. Sinto insegurança. Sinto medo.*

DESEJOS RESULTANTES: Quero que minha família esteja segura. Quero que tenhamos vida longa, tranqüila e feliz.

EMOÇÕES RESULTANTES OU INDICAÇÃO DE DIVERGÊNCIAS VIBRÁTEIS: *Sinto preocupação. Sinto insegurança. Sinto medo.* (Há uma significativa divergência vibrátil entre meu desejo e minhas crenças.)

ESFORÇO INTENCIONAL PARA MELHORAR O RELACIONAMENTO VIBRÁTIL ENTRE MEU NOVO DESEJO E MINHA CRENÇA ATUAL:

- Essas calamidades têm estado presentes desde a minha infância.
- Em geral, a maioria das pessoas vitimadas sobrevive.
- Muitas vezes as pessoas são avisadas a tempo de poderem procurar abrigo.
- Vivemos em um mundo em constante mudança e precisamos aprender a sobreviver a esses desastres.
- Apesar de tudo o que acontece no mundo, tenho vivido em segurança com minha família.

RESULTADO: A relação vibrátil melhorou.

SITUAÇÃO CONFLITANTE LIGADA A VIAGENS: Há muitos lugares no mundo que eu gostaria de visitar, mas fico preso porque não posso me ausentar do trabalho tempo suficiente para uma longa viagem. Sinto que estou perdendo o melhor da vida. *Sinto-me entediado. Sinto-me desapontado.*

DESEJOS RESULTANTES: Quero explorar o mundo. Quero ter experiências mais amplas e abrangentes.

EMOÇÕES RESULTANTES OU INDICAÇÃO DE DIVERGÊNCIAS VIBRÁTEIS: *Sinto-me entediado. Sinto-me desapontado.* (Há uma significativa divergência vibrátil entre meu desejo e minhas crenças.)

ESFORÇO INTENCIONAL PARA MELHORAR O RELACIONAMENTO VIBRÁTIL ENTRE MEU NOVO DESEJO E MINHA CRENÇA ATUAL:

- Ainda há tempo para eu achar um modo de viajar.
- Há lugares mais próximos que são fascinantes.
- Será divertido fazer uma longa lista de destinos interessantes.
- Será agradável ir acrescentando lugares à lista e sonhar com as viagens que irei fazer um dia.

RESULTADO: A relação vibrátil melhorou.

SITUAÇÃO CONFLITANTE DE AMBIENTE: Estamos destruindo nosso planeta. O ar está poluído; a água, contaminada. Os peixes estão morrendo, e as calotas polares, derretendo. *Sinto indignação. Sinto raiva. Sinto insegurança. Sinto medo.*

DESEJOS RESULTANTES: Quero que o ambiente do planeta seja saudável. Quero que as gerações futuras tenham uma boa qualidade de vida.

EMOÇÕES RESULTANTES OU INDICAÇÃO DE DIVERGÊNCIAS VIBRÁTEIS: *Sinto indignação. Sinto raiva. Sinto insegurança. Sinto medo.* (Há uma significativa divergência vibrátil entre meu desejo e minhas crenças.)

ESFORÇO INTENCIONAL PARA MELHORAR O RELACIONAMENTO VIBRÁTIL ENTRE MEU NOVO DESEJO E MINHA CRENÇA ATUAL:

- A tecnologia fornece filtros maravilhosos para a água que bebemos.
- Boa parte da água *não* está contaminada.
- Costumamos esquecer que os padrões climáticos passam por ciclos.
- Embora existam algumas áreas poluídas, outras não estão.
- Minhas preocupações sobre o planeta podem ser infundadas.

RESULTADO: A relação vibrátil melhorou.

Capítulo 29

O valor da relação vibrátil melhorada

Ao ouvirem que são criadoras de suas próprias realidades, as pessoas dizem que é extremamente difícil oferecer pensamentos agradáveis quando estão vivendo uma situação muito indesejada. Compreendemos perfeitamente que *é* mais fácil sentir-se bem em condições positivas do que em condições negativas e que é difícil ter pensamentos positivos em momentos de crise.

Algumas pessoas demonstram um profundo ressentimento em relação a antigos acontecimentos desagradáveis e repetem os detalhes abomináveis de injustiça, desrespeito ou até de agressões físicas de que foram vítimas na infância. Quase sempre elas se mostram desconfiadas e defensivas. Muitas vezes concordamos que suas reações negativas são justificáveis. Mas também acrescentamos que, mesmo assim, a emoção negativa faz com que elas se mantenham em um ponto onde não podem receber aquilo que realmente desejam.

Ao ouvir isso, geralmente as pessoas ficam irritadas, porque vêm mantendo esses pensamentos negativos há tanto tempo que eles já viraram crenças. Apesar de muito sábias, nossas palavras não as demovem de suas crenças sobre as injustiças que sofreram.

Você cria intencionalmente ou por inércia?

Muitos de nossos amigos físicos querem *de fato* criar suas próprias realidades. E vários acabam aceitando a idéia de que são Seres vibráteis em um universo vibrátil e de que nascem com um Sistema de Orientação Emocional que, através das emoções que experimentam, os ajuda a conhecer o conteúdo de suas ofertas vibráteis. *Mas muitas pessoas, mesmo aquelas que conscientemente reconhecem a natureza vibrátil de seus Sistemas de Orientação Emocional, ainda oferecem a maioria de suas vibrações – e, por conseguinte, cria a maior parte de suas realidades – por inércia. Elas oferecem essas vibrações em resposta à realidade que estão observando, em vez de oferecê-las em resposta à realidade que preferem e desejam.*

Você chama as coisas que se materializaram em sua experiência de *realidade*, de *fato*, de *evidência*, de *prova*, de *história*. Você as registra em relatórios escritos e as documenta com fotografias. Ao fazer tudo isso, você não se dá conta da natureza absolutamente temporária dessas coisas. A nosso ver, você permite que o que chama de sua "realidade" mantenha uma posição mais dominante do que ela merece. Quando se concentra na "realidade" de um determinado momento, você se priva de receber outras experiências mais agradáveis.

Gostaríamos que você compreendesse que o AGORA é basicamente a única plataforma a partir da qual você se dirige para o que vem a seguir. E a VIDA nada mais é do que o MOVIMENTO para o que vem a seguir. Queremos que se recorde da deliciosa natureza da SENSAÇÃO DE CRIAR DELIBERADAMENTE A SUA PRÓPRIA REALIDADE, em vez de dedicar tanta atenção à REALIDADE QUE VOCÊ ESTÁ CRIANDO POR INÉRCIA. Consegue perceber a diferença?

Você está percorrendo duas jornadas simultâneas

Recentemente, visitamos uma mulher que estava vivenciando o agudo desconforto de ter artrite nos quadris. O estado da realidade dela era de sofrimento físico quase constante.

Se pudéssemos ajudá-la a compreender que sua dolorosa condição física é apenas o ponto *temporário* onde ela está atualmente posicionada, essa mulher poderia começar a se mover para uma condição em que se sentiria melhor imediatamente. Se pudéssemos fazê-la voltar sua atenção para o lugar para ONDE está INDO, em vez de concentrar-se na REALIDADE que está ocorrendo neste exato momento, e se pudéssemos fazê-la se concentrar na SENSAÇÃO de IR PARA um lugar onde se sentiria melhor, em vez de fixar-se na REALIDADE que parece imutável, a situação dessa mulher começaria a melhorar de imediato.

Gostaríamos de ajudá-la a ver que há duas jornadas ocorrendo simultaneamente em sua experiência: a Jornada da Ação (ou a realidade dos seus dolorosos quadris) e a Jornada Emocional (a emoção que ela está escolhendo sentir).

A partir da sua realidade atual, são essas suas opções:

- Ela tem dores intensas nos quadris e sente medo, raiva, preocupação e desespero.
- Ela tem dores intensas nos quadris e sente *esperança.*

Veja: a atual condição de quadris dolorosos é a *Jornada de Ação* dessa mulher. Isso *está* acontecendo. É a realidade, e podemos compreender por que a mulher concentra sua atenção nela. Mas se ela pudesse, apenas por pouco tempo, deixar de lado sua Jornada de Ação e tentar se concentrar na sua Jornada Emocional – se ela pudesse simplesmente aceitar que seus quadris doem neste momento, mas que certamente ela vai melhorar –, seu ponto de atração vibrátil começaria a mudar. E sua condição física começaria também a mudar.

Se quiser chegar a um lugar diferente, você não pode continuar a oferecer a mesma vibração que o conduziu ao lugar onde está. Você precisa fazer algo diferente com sua atenção, com seu foco e com sua vibração.

Capítulo 30

A Jornada de Ação e a Jornada Emocional

Concentre-se na idéia de mover seu corpo físico de um lugar para outro. Talvez você esteja no seu carro, na estrada, indo para uma outra cidade ou andando numa trilha da floresta, com uma mochila cheia de comida e suprimentos. Em ambos os casos, você provavelmente tem uma idéia clara do lugar aonde quer chegar. Você está propositadamente indo de um ponto para outro com a intenção de chegar a algum lugar. Esta é sua Jornada de Ação.

Essa jornada pode ser descrita em termos muito concretos: você é capaz de identificar a distância que planeja percorrer. Você é capaz de descrever as condições climáticas que estão ocorrendo. Você pode calcular, com bastante precisão, o horário estimado da sua chegada.

Existem muitos aspectos objetivos, fáceis de compreender e quantificáveis nessa Jornada de Ação em que você embarcou.

Agora, queremos chamar sua atenção para uma outra parte da sua jornada. É essa parte que, na realidade, determina a qualidade de tudo o que irá acontecer em sua experiência de vida. Porque as suas jornadas não são apenas as experiências rotineiras de mover-se de um lugar para outro. Elas têm muito mais a ver com a maneira como você se *sente* enquanto se locomove. Damos a esse aspecto das suas experiências o nome de Jornada Emocional.

Portanto, queremos que compreenda que em todos os momentos

você vivencia *duas* jornadas simultâneas: a sua Jornada de Ação (sua percepção do tempo, do espaço e de coisas já manifestadas) e sua Jornada Emocional (sua resposta vibrátil a tudo que acontece nesse momento, a partir da qual todas as futuras experiências são moldadas).

Há um número infinito de possíveis combinações de Jornadas de Ação e Jornadas Emocionais das quais lhe ofereceremos alguns exemplos aqui. Queremos que saiba que o aspecto mais importante de qualquer jornada é o emocional, porque, se você tem consciência de como está se sentindo e de como pode mudar esses sentimentos deliberadamente, então (e somente então) você terá o controle consciente de todos os futuros resultados da sua experiência de vida. Chamamos isso de Criação Intencional.

Por outro lado, se o seu foco dominante está na Jornada de Ação – apenas *observando* e reagindo ao que está acontecendo na sua experiência em um exato momento, permitindo que suas sensações sigam os padrões das suas observações sem se esforçar para guiá-las, mas meramente respondendo a condições e circunstâncias –, você não terá controle consciente da sua própria experiência de vida. Chamamos isso de *criar por inércia.*

Capítulo 31

Aplicando o processo do Livro dos Aspectos Positivos

Qualquer coisa em que esteja concentrado causa a ativação de uma vibração dentro de você. Repetimos: quanto melhor você se sente enquanto está concentrado, mais benéfico é o seu foco. Sempre que *intencionalmente* procura os aspectos positivos de alguma coisa, você *deliberadamente* ativa vibrações benéficas. Não é importante encontrar a vibração perfeita nem a melhor vibração, mas a busca intencional dos aspectos positivos de uma questão o guiará automaticamente para a direção certa.

Às vezes, quando algo vem incomodando muito, não é fácil escrever uma longa lista (ou até mesmo uma curta) dos aspectos positivos dessa coisa. Mas sempre que decidir achar um aspecto positivo, você geralmente vai encontrar algum. E, após encontrá-lo e ativá-lo internamente, você poderá descobrir outro e mais outro, até que, depois de concentrar-se por 15 ou 20 minutos em um determinado assunto, poderá significativamente mudar sua vibração sobre ele.

O processo é simples: deixe à mão um caderno e escreva na capa: LIVRO DOS ASPECTOS POSITIVOS. Escreva na primeira página: ASPECTOS POSITIVOS DE... (e coloque o assunto para o qual você quer melhora no seu relacionamento vibrátil). A seguir, escreva sua lista de aspectos positivos sobre esse assunto.

Não tente forçar as idéias, mas deixe-as fluir facilmente e as anote no caderno. Escreva enquanto os pensamentos estiverem fluindo, depois leia o que escreveu e usufrua suas próprias palavras. Talvez seja útil concentrar-se no assunto e depois perguntar a si mesmo: "O que eu gosto a respeito disso? Quais são os pontos positivos?"

Esse processo funciona melhor se a sua variação na Escala de Orientação Emocional estiver dentro dos seguintes parâmetros:

1. Alegria/Sabedoria/Autoconfiança/Liberdade/Amor/Valorização
2. Paixão
3. Entusiasmo/Ânimo/Felicidade
4. Expectativa Positiva/Crença
5. Otimismo
6. Esperança
7. Contentamento
8. Tédio
9. Pessimismo
10. Frustração/Irritação/Impaciência

Se você está se sentindo muito pior do que isso, existem outros processos mais eficazes para ajudá-lo a melhorar a relação da sua vibração. Porém, temos notado que quando uma pessoa tem a Intenção Deliberada de mudar sua situação em relação a qualquer assunto, ela consegue, e as coisas começam a melhorar em sua experiência. É a Lei da Atração que garante isso!

Aqui estão alguns exemplos de como o processo dos Aspectos Positivos pode ajudá-lo a liberar a resistência e melhorar a relação vibrátil entre o que está acontecendo num determinado momento e o que você gostaria que estivesse acontecendo:

SITUAÇÃO DE DETERIORAÇÃO DA CASA: Minha casa me faz mal porque está decadente, mas não tenho condições de mudar-me. *Sinto frustração. Sinto irritação. Estou pessimista.*

ASPECTOS POSITIVOS DA MINHA CASA ATUAL:

- Minha casa é cheia de lembranças boas da infância de meus filhos.
- É uma casa própria, o que me dá segurança.
- A localização de minha casa é excelente, perto de tudo.
- Somos amigos dos vizinhos e dos fornecedores.
- No jardim há árvores plantadas por nossa família, e foi uma alegria vê-las crescer.

SITUAÇÃO COM COLEGA DE TRABALHO: Divido uma sala com uma pessoa insuportável que fala sem parar e só diz coisas desagradáveis. Como ela não gosta do que faz, fica zombando do meu empenho no trabalho. Gostaria que ela pedisse demissão ou fosse demitida. A vida é curta demais para precisarmos passar esse tempo todo com uma pessoa tão desagradável. *Sinto irritação. Sinto rejeição. Sinto raiva.*

ASPECTOS POSITIVOS DA MINHA COLEGA DE TRABALHO:

- Ela sempre está bem-vestida. Tem uma risada agradável.
- Ela conhece bem o trabalho e aprende rapidamente.
- Estou satisfeito por ter um emprego e um salário regular.
- Gosto de muitas pessoas que trabalham aqui.
- Gosto da sensação de ser produtivo.

Já vimos esses exemplos e muitos outros nos capítulos anteriores. E, assim como aconteceu antes, você pode estar pensando que é falso enaltecer uma casa decadente ou um colega de trabalho desagradável. Porém há muitas coisas verdadeiras como a casa decadente ou a colega desagradável. Mas são coisas que alguém criou e que você não quer criar em sua experiência. Assim como há coisas do seu passado que, apesar de reais, você não quer continuar a repetir no futuro.

É mais favorável para a sua vida colocar os aspectos positivos no seu Livro e assim melhorar o relacionamento entre a vibração de seu desejo e a vibração da sua crença. Esse processo dos Aspectos Positivos lhe trará uma melhora vibrátil imediata. Usufrua essa sensação de alívio e bem-estar, elogie-se por melhorar a sua relação vibrátil e continue a viver o seu dia. Com o passar do tempo, o seu desejo se manifestará concretamente.

Capítulo 32

Aplicando o processo de Planejamento do Segmento

O processo de Planejamento do Segmento é uma forma de preparar o seu caminho vibrátil para uma viagem mais tranqüila e agradável. Ele o ajudará a se concentrar menos na aparência das coisas em um momento determinado e mais em como você *quer* que elas estejam. É um processo poderoso que reforça a Jornada Emocional e minimiza a Jornada de Ação.

Esse processo o ajudará a dirigir mais deliberadamente os seus pensamentos. Ele o auxiliará a ter mais consciência da qualidade dos seus pensamentos e crenças e a escolher intencionalmente aqueles que você oferece. Com o passar do tempo, você conseguirá, de forma muito natural, parar por um instante antes de entrar em uma nova atividade ou situação – em um novo segmento – e deliberadamente direcionar a sua intenção ou expectativa.

Você entra em novos segmentos todas as vezes que as suas intenções mudam: se está lavando pratos e o telefone toca, entra num novo segmento. Quando entra no carro, você entra num novo segmento. Quando chega alguém em sua casa, você entra num novo segmento.

Se você se dispuser a reservar um tempo para desviar o pensamento da sua *expectativa* antes de entrar no novo segmento, poderá estabelecer a qualidade do segmento com mais precisão do que se entrar nele e passar a observá-lo como ele já é. Ou seja, Planejamento do Segmento significa concentrar-se na sua Jornada Emocional e não na Jornada de Ação.

Todas as vezes que você lança as suas intenções sobre como quer se sentir e como gostaria que um segmento se desenvolvesse, o resultado é benéfico.

Esse processo funciona melhor se a sua variação na Escala de Orientação Emocional estiver dentro dos seguintes parâmetros:

4. Expectativa Positiva/Crença
5. Otimismo
6. Esperança
7. Contentamento
8. Tédio
9. Pessimismo
10. Frustração/Irritação/Impaciência
11. Sobrecarga

SITUAÇÃO DE CANSAÇO: Não tenho energia. Sinto-me cansado o tempo todo. Mal consigo atravessar o dia. Estou tendo muita dificuldade em cumprir minhas obrigações e não consigo apreciar nada. *Sinto-me sobrecarregado.*

NOVO SEGMENTO: Acabei o meu dia no trabalho. Parei no supermercado e comprei várias sacolas de alimentos e utensílios. Já estou estacionado na entrada de minha casa, mas antes de sair do carro e começar a descarregar as compras decidi aplicar este processo de Planejamento do Segmento.

ESSE NOVO SEGMENTO ENVOLVE: Levar as compras do carro para casa e guardá-las nos armários.

MINHAS INTENÇÕES PARA ESSE NOVO SEGMENTO: *Durante esse segmento quero me sentir eficiente. Quero me sentir produtivo. Quero me sentir organizado. Quero me sentir bem no meu corpo. Quero sentir alegria pelas compras e por valorizar minha despensa.*

SITUAÇÃO DE EMPREGO: Se comparado a muitos outros empregos por aí, recebo um bom salário, mas não tenho vontade de ir para o trabalho. Venho fazendo basicamente a mesma coisa há muito tempo e não me sinto nem um pouco estimulado. A não ser que eu cometa um erro, ninguém parece notar o que faço. O dia passa lentamente... e no dia seguinte tenho de voltar e fazer tudo de novo. *Sinto tédio. Estou pessimista.*

NOVO SEGMENTO: Tomei banho, me vesti e tomei o café da manhã. Dirigi para o trabalho e acabei de estacionar meu carro no pátio da empresa. Antes de entrar, decidi ficar sentado no carro por dois ou três minutos para aplicar o processo de Planejamento do Segmento.

ESSE NOVO SEGMENTO ENVOLVE: Uma hora de reunião de equipe com minha gerente e todo o pessoal do departamento. Temos essa reunião todas as manhãs de segunda-feira.

MINHAS INTENÇÕES PARA ESSE NOVO SEGMENTO: *Quero chegar pontualmente. Quero que fique visível para todos que meu fim de semana me deixou descansado. Quero me sentir seguro e tranqüilo. Quero apreciar meus colegas de trabalho. Quero que essa reunião seja produtiva. Quero me sentir feliz por ter participado dessa reunião e quero que os outros se sintam felizes por eu ter estado lá.*

Pode-se duvidar do valor do processo de Planejamento do Segmento porque ele parece demasiadamente simplista ou fácil. Mas uma aplicação intencional do processo transformará uma vida sem propósitos e repleta de experiências insatisfatórias em uma experiência de vida dinâmica e estimulante.

Esse processo melhora o relacionamento entre a vibração da sua crença atual e a vibração do seu desejo porque o faz parar de se concentrar *no que é* e começar a se concentrar naquilo que está para chegar. Com alguma prática, você pode se tornar perito em aumentar a sua expectativa positiva. Quando a emoção negativa for tão insignificante quanto a variação que acabamos de mostrar aqui, você não precisará dar um salto vibrátil tão grande para se tornar mais otimista sobre a sua futura experiência. Mas, se estiver sentindo uma emoção negativa mais forte, você talvez ache difícil antecipar um segmento positivo e poderá levar a sensação negativa que está experimentando para o próximo segmento. Quando tomar consciência disso, interrompa o processo, pois concentrar-se apenas naquilo que você *não* quer para o seu próximo segmento será inútil.

Comece esse processo com alegria e esperança. Com o passar do tempo você se sentirá poderoso e seguro quando instruir intencionalmente as Forças Universais a se comportarem exatamente como você pretendia. *Com a prática, esse processo* de *Planejamento do Segmento lhe proporcionará a sensação de ser um magnífico artista ou criador que dita todos os resultados, que deliberadamente esculpe os detalhes da sua própria experiência de vida – porque você é o criador da sua própria experiência de vida.*

Capítulo 33

Aplicando o processo do Não Seria Bom Se...

A maioria das pessoas foi treinada para ser objetiva – isso quer dizer que elas analisam as vantagens e desvantagens, os prós e os contras. Mas essa análise dos dois aspectos de qualquer coisa ativa as vibrações contraditórias que produzem uma resistência àquilo que elas desejam. Quando você diz "Quero que essa coisa aconteça, *mas* ela ainda não aconteceu", você não está ativando apenas a vibração do seu desejo. Está ativando também uma vibração da *ausência* do seu desejo – e, portanto, nada muda para você. E muitas vezes, mesmo quando não fala a segunda parte da frase e apenas diz "Quero que isso aconteça", ocorre dentro de você uma vibração não pronunciada que continua a mantê-lo em um estado de não permissão do seu desejo.

No entanto, quando você diz "Não seria bom se isso que desejo viesse para mim?", você obtém um tipo diferente de expectativa que possui uma natureza muito menos resistente. A relação vibrátil entre seu desejo e sua crença fica muito mais alinhada nesse momento.

Esse processo funciona melhor se a sua variação na Escala de Orientação Emocional estiver dentro dos seguintes parâmetros:

4. Expectativa Positiva/Crença

5. Otimismo

6. Esperança
7. Contentamento
8. Tédio
9. Pessimismo
10. Frustração/Irritação/Impaciência
11. Sobrecarga
12. Desapontamento
13. Dúvida
14. Preocupação
15. Culpa
16. Desânimo

Situação do tamanho da casa: Minha casa está uma bagunça. Ela é tão pequena que não tenho lugar para guardar nada. Tento arrumá-la para deixá-la mais organizada, mas não consigo. *Sinto-me frustrada. Sinto-me sobrecarregada.*

Não seria bom se...

...eu pudesse encontrar um lugar acessível para guardar nossas coisas?

...eu pudesse me livrar de algumas coisas de que não precisamos e, assim, dispusesse de mais espaço?

...meu marido vendesse o carro velho e assim liberasse mais espaço na garagem?

...uma pessoa realmente organizada pudesse vir me ajudar?

SITUAÇÃO DE DETERIORAÇÃO DA CASA: Moro na mesma casa há muito tempo e estou cansado dela. Ela não atende mais às minhas necessidades, mas não tenho dinheiro para mudar daqui. Fico procurando desculpas para não voltar para casa porque não me sinto bem quando estou lá. *Sinto frustração. Sinto irritação. Estou pessimista.*

Não seria bom se...
...pudesse pintar a fachada com uma cor bem bonita?
...pudesse comprar por um preço ótimo uma bonita mobília para a sala de estar?
...encontrasse uma excelente casa que estivesse dentro das minhas posses?
...pudesse acrescentar uma bela sala nos fundos da casa?

SITUAÇÃO COM VIZINHOS: Eu costumava gostar daqui, mas os novos vizinhos são péssimos. O cachorro deles estraga nosso jardim, os carros decrépitos deles ficam estacionados na entrada, e, por isso, tenho vergonha de receber visitas. *Sinto raiva. Sinto desânimo.*

Não seria bom se...
...esses vizinhos se mudassem para outro lugar?
...se o cachorro deles me obedecesse?
...eles vendessem todos os carros velhos?
...eu estivesse errada e eles fossem, na realidade, pessoas muito agradáveis?

SITUAÇÃO COM FILHO ADULTO: Tenho uma filha adulta com quem estou sempre em conflito. Quando *estamos juntos*, ela passa a maior parte do tempo reclamando e dizendo que não me dedico a ela!

Tenho estado muito ocupado e de fato não tenho tido tempo para ficar com ela, mas é difícil ser acusado desse jeito. *Sinto-me culpado. Sinto-me zangado. Sinto-me desapontado.*

Não seria bom se...

...pudéssemos encontrar um pouco mais de tempo para nos divertirmos juntos?

...pudéssemos conversar rapidamente todos os dias e colocar as notícias em dia?

...eu pudesse ver seu lindo sorriso com mais freqüência?

...a vida dela estivesse repleta de coisas que ela adora fazer?

~

SITUAÇÃO DE RELAÇÃO MATRIMONIAL: Ainda amo minha esposa, mas nosso relacionamento deixou de ser como era. Logo que nos casamos, eu mal conseguia esperar para vê-la no final do dia, e agora, para ser honesto, sinto uma certa angústia quando tenho que voltar para casa. Ela vive reclamando de tudo, e acho que me culpa por suas frustrações. Não quero me separar, mas ficar não me faz feliz. *Sinto frustração. Sinto culpa. Sinto irritação.*

Não seria bom se...

...pudéssemos sentir o que sentíamos quando nos conhecemos?

...eu tivesse vontade de chegar em casa e estar com ela?

...ela descobrisse algumas coisas que adorasse fazer?

...pudéssemos ser amigos e companheiros?

~

SITUAÇÃO COM PAIS INTROMETIDOS: Saí de casa há 10 anos, mas minha mãe se intromete na minha vida, e, porque não gosto que mandem em mim, eu a evito. Então ela fica furiosa, o que é ainda pior. Mas, quando estamos juntos, ela me trata como se eu fosse uma criança irresponsável. *Sinto muita irritação. Sinto raiva.*

Não seria bom se...
...minha mãe pudesse descobrir uma ocupação que a empolgasse?
...ela percebesse que sou um adulto responsável?
...eu não ficasse tão perturbado com a intromissão dela?
...nossos encontros pudessem trazer felicidade para nós dois?

~

SITUAÇÃO CONFLITANTE DE DÍVIDA: Várias empresas de cartão de crédito me enviaram cartões com créditos previamente aprovados. Bastou eu telefonar para desbloqueá-los. Usei todo o crédito no primeiro cartão, depois no segundo e no terceiro. Hoje, as dívidas são tantas que mal consigo pagar os valores mínimos que estão vencidos. *Sinto preocupação. Sinto culpa. Sinto desânimo. Sinto insegurança. Sinto medo.*

Não seria bom se...
...eu ficasse livre das dívidas?
...eu pudesse descobrir cartões com taxas de juros mais baixas?
...eu pudesse encontrar uma maneira de faturar algum dinheiro extra?
...uma solução que não imaginei surgisse e resolvesse o meu problema?

~

SITUAÇÃO CONFLITANTE DE LUTAS E FOME: Nosso mundo está um caos. Há muitas guerras, conflitos e pessoas sofrendo... Não compreendo por que, com tanta tecnologia e recursos, há milhares de pessoas passando fome. Creio que já deveríamos ter encontrado soluções. *Sinto desânimo. Sinto indignação. Sinto raiva.*

Não seria bom se...
...pudéssemos nos ajudar mais?
...nossos impostos pudessem ser usados de maneira mais produtiva?
...todos tivessem o suficiente para comer?
...todos pudessem ser felizes?

No seu dia-a-dia ocorrem inúmeras situações diferentes que ativam diversas vibrações dentro de você. Você se sente bem em algumas coisas, não tão bem em outras e muito mal em algumas outras. Esse processo do Não Seria Bom Se... pode ajudá-lo a se sentir melhor sempre que você se dispuser a se concentrar numa direção que lhe dê mais bem-estar.

Dizer apenas as palavras Não Seria Bom Se... dá início a uma ativação positiva antes mesmo de você acrescentar as palavras relacionadas ao tópico.

Se você deliberadamente fizer o processo do Não Seria Bom Se... enquanto dirige, quando está numa fila ou durante uma ocasião em que a sua atenção não precise estar concentrada em alguma outra coisa, a relação vibrátil entre seu desejo e suas crenças sobre inúmeros assuntos melhorará – e experiências desejadas começarão a surgir.

O hábito constante de usar esse processo produzirá uma melhora gradual no relacionamento vibrátil entre onde você está e onde deseja estar em todas as áreas de sua vida. Esse processo é divertido e incrivelmente poderoso.

Capítulo 34

Aplicando o processo do Pensamento que Faz Você se Sentir Melhor

Este processo funcionará melhor se você puder se sentar por alguns minutos e escrever seus pensamentos numa folha de papel. Com o passar do tempo, quando já tiver praticado bastante, conseguirá fazê-lo deixando seus pensamentos passarem por sua mente. Mas o ato de escrevê-los produz um ponto de concentração muito mais poderoso e torna mais fácil para você sentir a direção do pensamento escolhido.

Comece escrevendo algumas breves afirmações sobre como se sente a respeito de um assunto que o ocupe em determinado momento. *Você pode descrever o que aconteceu, mas o importante é descrever como* se sente. (Isso o ajudará a reconhecer com mais facilidade qualquer melhora que ocorrer durante o processo.)

Após escrever algumas afirmações que indiquem como você realmente se sente, diga a si mesmo: *Vou procurar alguns pensamentos sobre esse assunto que façam eu me sentir um pouco melhor.* A seguir escreva uma série de breves pensamentos que venham à sua mente e que possam ajudá-lo a sentir-se melhor sobre o assunto. (No final de cada afirmação, avalie se ela o fez sentir-se melhor, se você ficou do mesmo modo ou se piorou.)

Ao concentrar-se – com a intenção de melhorar a maneira como você se sente sobre tais assuntos –, você melhorará o relacionamento vibrátil entre seus desejos e suas crenças e, com o passar do tempo, as situações externas irão melhorar. *Suas manifestações sempre seguem a direção da sua vibração: quando você se sente melhor, as coisas melhoram. Sempre.*

Esse processo funciona melhor se a sua variação na Escala de Orientação Emocional estiver dentro dos seguintes parâmetros:

4. Expectativa Positiva/Crença
5. Otimismo
6. Esperança
7. Contentamento
8. Tédio
9. Pessimismo
10. Frustração/Irritação/Impaciência
11. Sobrecarga
12. Desapontamento
13. Dúvida
14. Preocupação
15. Culpa
16. Desânimo
17. Raiva

SITUAÇÃO DE DECLÍNIO FÍSICO: Preocupo-me com a possibilidade de meu corpo estar se deteriorando. Não tenho a mesma energia de antes e não posso fazer as coisas de que gostava. Sinto dores pelo corpo, meus joelhos doem quando caminho e não ouso mais correr. Estou preocupado com a possibilidade de piorar cada vez mais. *Estou apavorado.*

VOU PROCURAR ALGUNS PENSAMENTOS SOBRE ESSE ASSUNTO QUE FAÇAM EU ME SENTIR UM POUCO MELHOR:

- Eu deveria caminhar com mais freqüência, mas não consigo me obrigar a fazê-lo. (igual)
- Eu poderia caminhar cada dia um pouco mais. (melhor)
- Não tenho energia suficiente para caminhar. (pior)
- Com o passar do tempo, voltaria a gostar de minhas caminhadas. (melhor)
- Mas, quando caminho, meus joelhos doem. (pior)
- Se eu caminhasse devagar, provavelmente não haveria problemas. (melhor)
- Não faço exercícios há muito tempo. (pior)
- Acho que vou tentar. (melhor)
- Será bom me sentir forte e cheio de vida de novo. (melhor)

SITUAÇÃO DE CARREIRA DE ATRIZ: Desde pequena, desejo ser atriz. Tive algumas aulas e descobri que tenho talento. De vez em quando consigo algum trabalho como atriz, mas nada que realmente me empolgue. É difícil. São tantas as candidatas que me parece inútil tentar. Talvez eu devesse esquecer o assunto e procurar um emprego de verdade. *Sinto-me desapontada. Sinto-me desanimada.*

Vou procurar alguns pensamentos sobre esse assunto que façam eu me sentir um pouco melhor:

- Estou cansada de ir a apresentações e não conseguir o papel. (pior)
- Não sei o que deveria fazer. (pior)
- Estou adquirindo alguma experiência como atriz. (melhor)
- Agora não me sinto tão amedrontada quando participo de uma apresentação. (melhor)
- Até atrizes famosas passaram por isso. (melhor)
- Se elas sobreviveram, sobreviverei também. (melhor)
- Vai ser muito bom conseguir um ótimo papel. (melhor)
- Vou apenas relaxar e tentar me divertir mais. (melhor)

Situação conflitante de carro defeituoso: Venho trabalhando desde que saí da escola e consegui economizar dinheiro suficiente para comprar um carro usado, dando uma boa entrada e pagando o restante em suaves prestações. Menos de dois meses depois o carro começou a apresentar problemas e precisei pegar dinheiro emprestado para consertá-lo. Agora a soma das prestações do carro e do custo do conserto é maior do que se eu tivesse comprado um carro zero quilômetro. *Sinto culpa. Sinto desânimo. Sinto raiva.*

Vou procurar alguns pensamentos sobre esse assunto que façam eu me sentir um pouco melhor:

- É muito injusto. (pior)
- Eles me empurraram um carro com problemas. (pior)

- Pelo menos agora o carro está funcionando bem. (melhor)
- Ele me causou bastante aborrecimento. (pior)
- Estou efetuando os pagamentos em dia. (melhor)
- Na realidade, aprendemos através da experiência. (melhor)
- Já reclamei o bastante. Acho melhor esquecer e ir em frente. (melhor)

SITUAÇÃO CONFLITANTE DE AMBIENTE: Temo que nosso planeta esteja sendo destruído. O ar está poluído; a água, contaminada. Os peixes estão morrendo, e as calotas polares, derretendo. *Sinto indignação. Sinto raiva. Sinto insegurança. Sinto medo.*

VOU PROCURAR ALGUNS PENSAMENTOS SOBRE ESSE ASSUNTO QUE FAÇAM EU ME SENTIR UM POUCO MELHOR:

- As pessoas são muito egoístas e não se dispõem a fazer o que precisa ser feito. (pior)
- Visitei a cidade onde cresci e achei que estava bem conservada. (melhor)
- O governo não toma as medidas necessárias para garantir a qualidade do meio ambiente. (pior)
- Agora estamos mais conscientes, e padrões de emissão de poluentes foram estabelecidos. (melhor)
- As coisas estão começando a mudar. (melhor)

SITUAÇÃO DE ORGULHO CÍVICO: Quando eu era pequeno, sentia muito orgulho do meu país. Cantava com entusiasmado o hino nacional e adorava ouvir fatos históricos. Mas não sinto mais patriotismo. Acho que o país está cada vez pior. Não aprovo as decisões que o governo está tomando. *Sinto desapontamento. Sinto indignação. Sinto raiva.*

VOU PROCURAR ALGUNS PENSAMENTOS SOBRE ESSE ASSUNTO QUE FAÇAM EU ME SENTIR UM POUCO MELHOR:

- Não posso concordar com as ações efetuadas pelo governo. (pior)
- Sinto vergonha de certos tipos de comportamento exibidos pelo presidente da nação. (pior)
- Ainda acredito nos ideais sobre os quais esta nação foi fundada. (melhor)
- Os ideais são permanentes, o presidente é temporário. (melhor)
- Quando alguma coisa está realmente errada, depois de algum tempo a maré sempre vira. (melhor)
- Ainda acredito no nosso país. (melhor)
- Gosto muito de ter nascido e viver neste país. (melhor)

O processo do Pensamento que Faz Você se Sentir Melhor atinge o âmago da relação vibrátil. Quando o aplica, você utiliza o seu Sistema de Orientação Emocional da maneira mais consciente possível – e deliberadamente faz uma afirmação, nota a sensação produzida e escolhe uma outra afirmação com a intenção de melhorar a primeira sensação. Esta é realmente a Criação Intencional.

É fácil observar o que está à sua frente, e os pensamentos passam por nossa mente sem requerer qualquer esforço. Mas é necessário esforçar-se para *intencionalmente* escolher um determinado pensamento. E quando você faz essas escolhas, baseando-se na maneira como cada uma delas o faz se sentir, você pode diminuir ou mesmo fechar o espaço vibrátil entre onde está e onde quer estar – e a manifestação do seu desejo ocorrerá logo a seguir. Isso é de fato o auge da Criação Intencional.

Capítulo 35

Aplicando o processo da Carteira

Queremos que você se lembre de que a experiência que *está vivendo* neste momento é menos importante do que a maneira como *se sente* em relação ao que está vivendo.

As coisas estão sempre mudando. Se você discorda disso, é porque dedica a maior parte da sua atenção *ao que* está vivenciando no momento e dá pouca atenção *ao que gostaria de estar vivenciando.*

Como o dinheiro é uma parte importante da sua experiência diária, é necessário estar atento para ajustar o relacionamento vibrátil entre o objeto do seu desejo e os pensamentos que lhe ocorrem a respeito dele. Esse ajuste pode causar uma enorme diferença na sua experiência. Se você deseja ter mais dinheiro, mas todas as vezes em que pensa no assunto sente preocupação ou frustração, o seu Sistema de Orientação Emocional está indicando que está indo na direção errada. Você já sabe: quando sente maior bem-estar, está caminhando em direção a seu desejo.

O processo da Carteira o ajudará a oferecer uma vibração que seja compatível com o seu recebimento de dinheiro, em vez de o afastar dele.

Esse processo funciona melhor se a sua variação na Escala de Orientação Emocional estiver dentro dos seguintes parâmetros:

6. Esperança
7. Contentamento
8. Tédio
9. Pessimismo
10. Frustração/Irritação/Impaciência
11. Sobrecarga
12. Desapontamento
13. Dúvida
14. Preocupação
15. Culpa
16. Desânimo

Processo da Carteira: Comece colocando uma nota de R$ 100,00 – ou mais se preferir – na sua carteira. Mantenha-a com você em todas as ocasiões e, sempre que segurar a carteira, lembre-se de que sua nota está ali dentro. Sinta-se satisfeito com isso e pense freqüentemente na sensação de maior segurança que a nota lhe traz.

Durante o dia, observe as muitas coisas que você poderia comprar com aquela quantia. Enquanto conservar a nota de R$ 100,00, receberá seu benefício vibrátil todas as vezes que *pensar* nela. Ou seja, se a gastar na primeira oportunidade, receberá o benefício de realmente *sentir* o seu Bem-Estar financeiro apenas uma vez. Mas, se *mentalmente* gastar aquela quantia 20 ou 30 vezes naquele dia, receberá 20 ou 30 vezes mais a *sensação* vibrátil de ter gastado.

Cada vez que reconhece que tem o poder, bem ao seu alcance, dentro de sua carteira, de comprar isso ou fazer aquilo, você aumenta repetidamente a sua sensação de Bem-Estar financeiro, e o seu ponto de atração começa a se deslocar: *Eu posso ter isso. Eu posso ter aquilo...*

E, como você tem realmente os meios para fazer o que deseja (você não está imaginando, o dinheiro existe mesmo), não haverá naquele momento nenhuma dúvida ou descrença prejudicial turvando as águas do seu fluxo financeiro. O processo da Carteira é um processo simples mas poderoso – e ele mudará o seu ponto de atração financeiro.

Leia a Situação de segurança financeira atual no exemplo seguinte e veja se você consegue identificar as vibrações de resistência que estão impedindo qualquer melhora para os personagens. A seguir, leia os exemplos de uma aplicação intencional do processo da Carteira e veja se consegue sentir o deslocamento vibrátil.

SITUAÇÃO DE SEGURANÇA FINANCEIRA ATUAL: Meu marido e eu trabalhamos a vida inteira e conseguimos guardar algum dinheiro – não muito, mas o suficiente para vivermos durante um ano. Tínhamos uma ótima idéia para montar nosso próprio negócio, e um amigo ofereceu uma quantia suficiente para nos ajudar a começar. Mas agora, passados dois anos, ainda estamos usando nossas economias para viver e nossa poupança está se reduzindo rapidamente. *Sinto preocupação. Sinto desânimo.*

Processo da Carteira: Decidimos ir até um shopping, cada um levando na carteira R$ 100,00. Planejamos gastar *mentalmente* essa quantia real diversas vezes. Sempre que um de nós vir alguma coisa que desejamos, iremos *mentalmente* comprá-la. Afinal, temos o dinheiro conosco e de fato poderíamos comprar algo se quiséssemos.

Vamos dar uma volta, olhar as vitrines, ver o que atrai nossa atenção e *mentalmente* comprar o que nos agradar.

- Vamos jantar naquele restaurante. Adoro comer lá.
- Vamos comprar aquelas flores para enfeitar nossa casa.
- Acho que vou comprar esta churrasqueira para o nosso quintal.
- Vamos comprar este brinquedo para nossos netos.
- Vou marcar um horário no spa.
- Acho que vou escolher um lindo par de sapatos.
- Adoro aquele tapete! Ele está com um preço ótimo!
- Vou mandar lavar o carro.
- Que tal estas mudas de planta para o jardim...

Quando pratica esse processo pela primeira vez, ao identificar as coisas que *quer* comprar, talvez você ative a sua *sensação de não ter dinheiro suficiente*, o que, em vez de uma maior sensação de alívio, causará no início um aumento de desconforto. Mas se, ao continuar, você parar diante de algo que deseja e reconhecer, *Sim, se eu realmente quisesse, neste exato momento eu de fato tenho o dinheiro para comprá-lo*, o seu desconforto diminuirá. E, prosseguindo com o processo, o desconforto desaparecerá por completo. E, quando o desconforto desaparecer, a resistência irá sumir. E, quando a resistência sumir, a sua situação financeira deverá começar a melhorar.

Capítulo 36

Aplicando o processo da Roda da Fortuna

A Roda da Fortuna é talvez o processo mais poderoso que oferecemos para ajudá-lo a rapidamente melhorar o relacionamento vibrátil entre suas crenças e seus desejos atuais. Enquanto vivencia esse processo da Roda da Fortuna, você pode realmente sentir a melhora ocorrendo no alinhamento vibrátil de suas Energias.

Imagine-se em um parque de diversões, com a intenção de pular dentro de um carrossel. Ele gira tão rápido que você tenta entrar nele mas não consegue. Mas, se o carrossel diminuísse a velocidade em algum ponto, você poderia pular dentro dele e manter-se facilmente, mesmo quando ele acelerasse.

Uma coisa semelhante acontece quando há uma diferença entre a força do seu desejo e a força da sua crença. Para que o alinhamento ocorra, o seu desejo talvez precise diminuir ou a sua crença aumentar.

Esse processo funciona melhor se a sua variação na Escala de Orientação Emocional estiver dentro dos seguintes parâmetros:

8. Tédio

9. Pessimismo

10. Frustração/Irritação/Impaciência

11. Sobrecarga

12. Desapontamento

13. Dúvida

14. Preocupação

15. Culpa

16. Desânimo

17. Raiva

Veja como começar o processo da Roda da Fortuna: desenhe um círculo grande numa folha de papel. A seguir desenhe um círculo menor, com cerca de 5 cm de diâmetro, no centro do círculo grande. Depois, afaste-se e fixe os olhos no círculo menor.

Em seguida, feche os olhos por um instante e dirija a sua atenção para algo que lhe causou uma emoção negativa – e identifique exatamente o que é que você *não* quer.

Agora, diga para si mesmo: *Sei claramente o que não quero. O que eu quero* de verdade?

Quando identificar o que realmente quer, escreva o seu desejo no pequeno círculo no centro da folha.

Depois, tente escrever outras afirmações que correspondam ao que você *de fato* quer em torno da borda externa do círculo maior. Você vai sentir se a afirmação está sintonizada com o seu desejo. Se ela não estiver, você será jogado para "fora da roda". Mas, se a afirmação representar seu desejo, ela se mantém.

O processo da Roda da Fortuna é muito eficaz porque as afirmações que você escreve são as que intencionalmente escolheu. São afirmações gerais em que você já acredita e que *correspondem* ao seu desejo. O processo funciona porque a Lei da Atração é tão poderosa que, quando você mantém um pensamento por um período de 17 segundos, outro pensamento vai se juntar a ele e os dois juntos geram uma combustão que os torna ainda mais poderosos.

À medida que for encontrando outros pensamentos que o façam se sentir bem, continue escrevendo-os em torno da borda externa do círculo maior. Comece na posição que seria meio-dia no relógio e continue a cada hora até obter 12 afirmações que lhe proporcionem conforto.

Quando chegar na posição das 11 horas, circule com força as palavras que escreveu no centro da sua Roda da Fortuna e perceba que agora você realmente sente um maior alinhamento vibrátil com esse pensamento. Há apenas alguns minutos você não estava nem perto dessa vibração.

~

SITUAÇÃO DE CANSAÇO: Não tenho energia. Sinto-me cansado o tempo todo. Mal consigo atravessar o dia. Estou tendo muita dificuldade em fazer as coisas que preciso e não consigo usufruir nada porque estou exausto. *Sinto-me sobrecarregado.*

- Minha afirmação do que não quero: *Não quero me sentir cansado.*
- Minha afirmação do que de fato quero: *Quero me sentir forte, bem-disposto e cheio de energia.*
- Agora você escreve as afirmações externas à roda maior, numa tentativa de entrar nela. Se sua afirmação estiver próxima do seu desejo, você consegue entrar. Caso contrário, será jogado para fora: *Preciso me controlar.* (fora)
- *Não posso continuar assim.* (fora)
- *Sei que posso me sentir bem melhor do que estou me sentindo neste exato momento.* (dentro)

Escreva essa primeira afirmação na sua Roda da Fortuna na posição das 12 horas. À medida que for encontrando outras afirmações que o coloquem para dentro, continue a escrevê-las ao redor do relógio, nas posições subseqüentes.

- *Em geral, sinto-me bem-disposto.* (1 hora)
- *Realmente gosto de me sentir bem.* (2 horas)

A sua concentração já causou uma melhora tão grande no relacionamento vibrátil entre onde você está e onde quer estar que você pode se manter na roda com facilidade. Portanto, aproveite ao máximo e não pare. Quanto mais fizer afirmações equivalentes vibráteis ao seu desejo, mais você se estabilizará nessa nova e melhorada vibração.

- *Meu corpo está receptivo.* (3 horas)
- *Já estou me sentindo melhor.* (4 horas)
- *Sinto-me mais forte todos os dias.* (5 horas)
- *Sinto vontade de dar caminhadas novamente.* (6 horas)
- *É estimulante sair de casa para fazer exercícios.* (7 horas)
- *Como o dia está bonito!* (8 horas)
- *Tenho um corpo flexível e vigoroso.* (9 horas)
- *Gosto de me sentir bem.* (10 horas)
- *Há muitas coisas que gosto de fazer.* (11 horas)

Nesse curto período de tempo, a sua relação vibrátil melhorou muito – na realidade, melhorou tanto que você pode agora escrever uma afirmação no pequeno círculo no centro da sua Roda da

Fortuna que equivale ao seu desejo: *sinto-me forte, bem-disposto e cheio de energia!*

~

SITUAÇÃO CONFLITANTE DE SOLIDÃO: Não tenho muitos amigos. Na verdade, não tenho nem mesmo um amigo íntimo, e acho triste passar a vida sozinho. Tive amizades no passado, mas nada que durasse. Parece que as pessoas estão apenas interessadas naquilo que podem tirar de mim, mas não querem me dar nada em troca. *Sinto-me desanimado. Sinto-me solitário.*

- Minha afirmação do que não quero: *Não quero ficar sozinho.*
- Minha afirmação do que de fato quero: *Quero encontrar um bom amigo.*
- Agora você escreve as afirmações externas à roda maior, numa tentativa de entrar nela. Se sua afirmação estiver próxima do seu desejo, você consegue entrar. Caso contrário, será jogado para fora: *É difícil encontrar um bom amigo.* (fora)
- *Nunca tive um amigo de verdade.* (fora)
- *Vejo pessoas capazes de estabelecer bons relacionamentos.* (dentro)

Escreva essa primeira afirmação na sua Roda da Fortuna na posição das 12 horas. À medida que for encontrando outras afirmações que o coloquem para dentro, continue a escrevê-las ao redor do relógio, nas posições subseqüentes.

- *Conheci algumas pessoas com quem gosto de estar.* (1 hora)
- *Não posso me forçar a gostar de uma pessoa.* (2 horas)

- *Saberei imediatamente quando encontrar uma pessoa que gostaria de conhecer melhor.* (3 horas)
- *Em geral, quando de fato gosto de uma pessoa, ela geralmente gosta de mim também.* (4 horas)

(Sua resistência já diminuiu bastante. O seu relacionamento vibrátil de fato melhorou, portanto, siga adiante.)

- *Realmente não venho me esforçando para encontrar alguém.* (5 horas)
- *Há pessoas simpáticas em todos os lugares.* (6 horas)
- *Há outras pessoas procurando relacionamentos também.* (7 horas)
- *Quando me sentir melhor, pessoas que se sentem bem começarão a aparecer.* (8 horas)
- *Há muitas maneiras de conhecer novas pessoas.* (9 horas)
- *Gosto de estar com pessoas.* (10 horas)
- *Isso parece ser um novo começo.* (11 horas)

Você agora está em alinhamento. Escreva então as seguintes palavras no centro do círculo: *Estou animado com esses novos amigos que estão vindo na minha direção.*

SITUAÇÃO DE CARREIRA DE ATRIZ: Desde pequena desejo ser atriz. Tive algumas aulas e descobri que tenho talento. De tempos em tempos, consigo algum trabalho, porém nada que realmente me empolgue. É difícil. São tantas as candidatas que me parece inútil tentar. Talvez eu devesse abrir mão do meu sonho e procurar um emprego de verdade. *Sinto-me desapontada. Sinto-me desanimada.*

- Minha afirmação do que não quero: *Não quero trabalhar tanto sem obter resultados.*
- Minha afirmação do que de fato quero: *Quero obter um ótimo papel.*

Escreva agora as afirmações externas à roda maior, numa tentativa de entrar nela. Se sua afirmação estiver próxima do seu desejo, você consegue entrar. Caso contrário, será jogado para fora:

- *Vou a uma audição quase todos os dias.* (fora)
- *Ninguém parece se entusiasmar com meu trabalho.* (fora)
- *Aquela audição da semana passada foi realmente interessante.* (dentro)

Escreva essa primeira afirmação na sua Roda da Fortuna na posição das 12 horas. À medida que for encontrando outras afirmações que o coloquem para dentro, continue a escrevê-las ao redor do relógio nas posições subseqüentes.

- *Fico feliz quando conheço pessoas interessantes.* (1 hora)
- *Senti que estava relaxada e capaz de fazer um bom trabalho.* (2 horas)
- *Não tem importância se eu não servir para um determinado trabalho.* (3 horas)
- *Só quero ser escolhida se eu realmente for boa para o papel.* (4 horas)
- *Muitos atores conhecidos já passaram pela mesma situação.* (5 horas)
- *Cada audição me traz mais experiência.* (6 horas)

- *Já participei de tantas audições que não sinto mais medo.* (7 horas)
- *Posso sentir que estou quase conseguindo.* (8 horas)
- *Sinto a minha confiança aumentando a cada entrevista.* (9 horas)
- *Acho que estou melhorando cada vez mais.* (10 horas)
- *Adoro ser atriz.* (11 horas)

Nesse momento, as vibrações do seu desejo e da sua crença estão equivalentes. Portanto, escreva a afirmação seguinte no centro do círculo: *Gosto muito desses ótimos papéis que estão vindo para mim.*

Quando você se concentra por algum tempo em alguma coisa indesejada e ativa vibrações que não correspondem ao que realmente quer, fica muito mais difícil direcionar a sua atenção para aquilo que quer. Então, para poder *criar* alguma coisa diferente, você precisa encontrar uma maneira de mudar o foco da sua atenção. O processo da Roda da Fortuna foi projetado para isso. Com mais rapidez do que qualquer outro, esse processo o levará de uma grande resistência a nenhuma resistência.

A chave para o poder desse processo está na *concentração*. Todas as vezes que você se dispuser a se concentrar em alguma coisa e a escrevê-la no papel, sua concentração e seu poder aumentarão. Você só precisa se concentrar mais para entrar na roda pela primeira vez – esse é o momento do maior deslocamento vibrátil. Mas, depois que a primeira afirmação for escrita na posição das 12 horas, não precisará se concentrar tanto para permanecer lá. E, à medida que acrescentar mais afirmações, a sua vibração se estabilizará e o relacionamento vibrátil entre seu desejo e sua crença irá melhorar.

Use esse processo para qualquer assunto importante para você. Use-o para melhorar situações e relacionamentos, atrair mais dinheiro e melhorar as condições do seu corpo. Vale a pena aprender e aplicar esse processo. Ele pode transformar a sua vida.

Capítulo 37

Aplicando o processo de Encontrar o Lugar dos Sentimentos

O processo de Encontrar o Lugar dos Sentimentos é muito útil para assegurar que você esteja irradiando uma vibração que vá lhe servir, porque é um processo que ajuda a perceber o que realmente está atraindo. Ele propõe que você use a sua imaginação para fingir que seu desejo já se concretizou e que, ao fazê-lo, vivencie as características dele.

Ao se concentrar naquilo que lhe dá a sensação de estar vivenciando o seu desejo, você não pode, ao mesmo tempo, sentir a ausência do objeto do seu desejo. Com a prática, você poderá "inclinar a balança", de forma que, apesar de seu desejo ainda não ter realmente se manifestado, você ofereça uma vibração como se ele tivesse se realizado – e então ele se *manifestará.*

Nesse processo, o seu objetivo é fabricar imagens que o façam oferecer uma vibração que *permita* a realização do seu desejo. O seu propósito é criar imagens que o façam *sentir-se* bem; é encontrar o *lugar do sentimento* provocado pela realização do seu desejo, em vez de encontrar o *lugar do sentimento* provocado pela não realização.

Você pode *lembrar* uma ocasião parecida com a atual em que seu desejo se realizou; pode *imaginar* ou *fingir* que aquilo que você quer está acontecendo neste exato momento. De qualquer modo, quando você se concentra nas características do objeto do seu desejo, a essência vibrátil dele é ativada dentro de você. Não é necessário estar realmente vivenciando alguma coisa para oferecer a vibração dela. O importante é que, ao oferecer a vibração dessa coisa quando a imagina, você logo a *estará* vivenciando.

Quanto mais praticar o processo de Encontrar o Lugar dos Sentimentos, mais exímio você se tornará e mais divertido o jogo ficará. Quando você finge ou lembra, ativa novas vibrações – e seu ponto de atração se desloca. E, quando isso acontece, sua vida melhora em relação a todos os assuntos para os quais você encontrou um novo Lugar dos Sentimentos.

Esse processo funciona melhor se a sua variação na Escala de Orientação Emocional estiver dentro dos seguintes parâmetros:

10. Frustração/Irritação/Impaciência
11. Sobrecarga
12. Desapontamento
13. Dúvida
14. Preocupação
15. Culpa
16. Desânimo
17. Raiva

SITUAÇÃO CONFLITANTE DE RELAÇÃO MATRIMONIAL: Ainda amo minha esposa, mas nosso relacionamento mudou muito. Logo que nos casamos, eu mal conseguia esperar para vê-la no final do dia, e agora, para ser honesto, sinto uma certa angústia quando tenho que voltar para casa. Ela vive reclamando de tudo e sempre me culpa quando algo não dá certo. Não quero me separar, mas não estou feliz. *Sinto frustração. Sinto culpa. Sinto irritação.*

Técnica da lembrança: *Lembro-me do dia em que nos conhecemos. Ela chamou a minha atenção imediatamente. Gostei da sua aparência e do seu jeito divertido. Lembro-me de como ela prestava atenção ao que eu falava e de como seu interesse por mim fez eu me sentir bem. Eu soube imediatamente que ela era uma pessoa com quem eu queria conviver...*

A lembrança de alguma coisa do passado que o fazia sentir-se bem é uma poderosa ferramenta para melhorar a sua vibração, porque, ao lembrar-se desses momentos mais agradáveis, você reativa a vibração daquela época. Além disso, você não pode se concentrar ao mesmo tempo no que *está acontecendo* e no que *aconteceu no passado*.

Técnica da imaginação: *Estou me imaginando saindo do escritório, feliz por meu dia de trabalho ter terminado. Vejo-me entrando no carro. Sinto orgulho desse carro. Ele é realmente uma beleza. Ligo o CD player, e a música favorita da minha esposa começa a tocar. Sorrio porque sei que ela dirigiu meu carro ontem e ouviu essa música. Fazemos essa brincadeira de deixar a música favorita no CD player. Estou louco para chegar em casa e estar com ela. Minha mulher é uma pessoa alegre, e eu me sinto feliz ao seu lado. Sou um homem de sorte.*

Observe que não há nada sério ou triste acontecendo nessa visualização. Você não está tentando fazer alguma coisa acontecer. Não está tentando reformar sua esposa nem mudá-la. Está apenas fabricando uma história com um único objetivo: *sentir-se bem enquanto se concentra naquilo que é importante para você.* Essa imagem, apesar de ser talvez fictícia, mudou o relacionamento entre a vibração que você vem oferecendo a respeito de sua esposa ultimamente e a vibração do seu desejo em relação a ela. As coisas agora devem melhorar, e, na pior das hipóteses, você se sentirá bem no momento da visualização.

Situação de abundância: Meu marido e eu trabalhamos a nossa vida inteira e economizamos algum dinheiro – não muito, mas o suficiente para vivermos durante um ano. Tínhamos uma ótima idéia para abrir um negócio, e um amigo emprestou dinheiro suficiente para nos ajudar a começar. Mas agora, dois anos depois, estamos tirando dinheiro de nossas economias para viver, e nossa poupança está se reduzindo rapidamente. *Sinto preocupação. Sinto desânimo.*

Técnica da lembrança: *Lembro-me de quando recebi meu primeiro contracheque e de como aquilo fez eu me sentir bem. Eu não tinha contas a pagar, e receber todo aquele dinheiro fez com que me sentisse rica. Lembro-me de ficar excitada ao pensar que, no final de cada semana, iria receber um novo cheque.*

Reativar uma lembrança gostosa é uma técnica extremamente útil, porque se trata de algo que realmente *lhe* aconteceu. Ou seja, você acredita nela. Quando vasculha o seu passado e ativa uma crença que corresponde a seu desejo atual, você fica em alinhamento vibrátil – e por isso as suas manifestações irão melhorar.

Técnica da imaginação: *Estou preenchendo o último cheque que liquidará o empréstimo que nosso amigo fez para começarmos nosso negócio. Ele está surpreso e satisfeito de receber seu dinheiro de volta com tanta rapidez. Posso visualizar a felicidade do meu marido ao lhe entregar o cheque. Os dois são muito amigos. Foi tão bom ele ter acreditado na nossa idéia, e melhor ainda estarmos tendo tanto sucesso. E é apenas o começo. Há ainda muito mais a ser descoberto, experimentado e apreciado.*

Você não pode se concentrar ao mesmo tempo naquilo que quer e naquilo que não quer. Ao usar a sua imaginação para intencionalmente criar um cenário no qual se sinta bem, você imediatamente se desvincula da realidade indesejada, a sua vibração se desloca instantaneamente e permite um alinhamento vibrátil com seus próprios desejos.

Se realmente compreendesse o poder da sua vibração, você jamais voltaria a pensar numa realidade indesejada, porque a sua realidade é muito fugaz. Ela pode ser facilmente transformada em situações, acontecimentos, cenários e condições que lhe agradam.

SITUAÇÃO PLANETÁRIA: O planeta parece instável. São tantos os terremotos, os deslizamentos de terra, os tsunamis, as enchentes e os furacões que causam imensa destruição. Sinto minha família ameaçada, tenho medo que uma tragédia aconteça. *Sinto preocupação. Sinto insegurança. Sinto medo.*

Técnica da lembrança: *Lembro-me de quando era criança e morava na casa dos meus pais. Havia duas grandes árvores junto à cerca do jardim, e entre elas eu montava uma barraca usando prendedores de roupa. Passava horas lá brincando com meus amigos. Era delicioso.*

Veja, você não precisa solucionar os problemas do mundo – ou até mesmo os problemas da sua própria vida – antes de começar a se sentir melhor. Com a simples lembrança de um momento agradável do passado, você pode reativar sua vibração de Bem-Estar, e quando a sensação de Bem-Estar se instalar você experimentará um enorme conforto.

Técnica da imaginação: *Vejo-me com minha esposa e meus filhos chegando a um maravilhoso hotel nas montanhas para onde vamos todos os anos. As crianças gostam de ir para lá porque se sentem livres e fazem muitos amigos. O ambiente é tranqüilo e ótimo para todos nós. Relaxamos, lemos muito, a paisagem é linda, e as noites, estreladas. Fazemos o que queremos, na hora que dá vontade.*

O exercício de *ter pensamentos para intencionalmente* produzir um sentimento é uma ferramenta muito valiosa. Quando você se importa com a maneira como se sente e escolhe deliberadamente pensamentos que provocam emoções agradáveis, você controla as suas vibrações e a relação entre seus desejos e crenças.

Muitas pessoas acham que sonhar acordado ou ter fantasias é desperdício de tempo. No entanto, utilizar seu Sistema de Orientação Emocional com o propósito de direcionar o poder da sua mente e ativar a vibração para que o seu desejo se manifeste é a poderosa Criação Intencional.

Lembrar e imaginar são coisas semelhantes, porque em ambos os casos o objeto da sua atenção não está de fato ocorrendo na sua realidade atual. Quando se concentra positivamente numa imagem ou lembrança, apesar do que está ocorrendo naquele exato momento, você pode ativar uma vibração que atrairá algo diferente para a sua experiência. Mas, se insistir em concentrar-se apenas na realidade que existe, nada poderá mudar.

Capítulo 38

Aplicando o processo de Entregar ao Gerente

Imagine que você é dono de uma empresa muito grande na qual milhares de pessoas trabalham exercendo as mais variadas funções para que seja bem-sucedida.

Agora imagine que você não trabalha diretamente com nenhuma dessas pessoas. Há um gerente que lida com elas, as compreende, as aconselha e as dirige. Todas as vezes que tem uma idéia, você a comunica ao seu gerente e ele diz "Cuidarei disso imediatamente". E o faz. Eficientemente. Efetivamente. Precisamente. Como você gosta.

Você pode estar dizendo para si mesmo neste exato momento: "Adoraria ter um gerente assim – alguém com quem eu pudesse contar, alguém que cuidasse dos meus problemas e atendesse minhas necessidades."

E nós lhe dizemos que *você* de fato *tem um gerente que é tudo isso e muito mais. Você tem um gerente que trabalha incessantemente a seu favor. Ele se chama Lei da Atração, e basta você pedir para que esse Gerente Universal realize o seu desejo.*

A chave para o sucesso desse processo é fazer pedidos com a *expectativa* de receber o que pediu. É como se pedisse algo a alguém em quem você confia e que nunca o decepcionou, sabendo muito bem que ele o fará. É com essa atitude que você precisa fazer seus pedidos ao Universo. *Faça seus pedidos esperando resultados.*

Esse processo funciona melhor se a sua variação na Escala de Orientação Emocional estiver dentro dos seguintes parâmetros:

10. Frustração/Irritação/Impaciência
11. Sobrecarga
12. Desapontamento
13. Dúvida
14. Preocupação
15. Culpa
16. Desânimo
17. Raiva

SITUAÇÃO COM VIZINHOS: Eu costumava gostar daqui, mas os novos vizinhos são péssimos. O cachorro deles suja nosso quintal, e eles deixam três ou quatro carros decrépitos estacionados na entrada da casa, o que me faz ter vergonha de receber visitas. *Sinto culpa. Sinto desânimo. Sinto raiva.*

Mas acabei de me lembrar que tenho um Gerente Universal capaz, eficiente e disposto que trabalha especialmente para mim. Portanto, pedirei as seguintes coisas, lembrando-me de que esse gerente é de fato muito bom e poderá efetivamente satisfazer meus pedidos:

- *Eu gostaria que esse cachorro encontrasse um outro lugar, longe do meu quintal.*
- *Eu gostaria que esses carros decrépitos fossem tirados da rua.*
- *Eu gostaria de me dar bem com meus vizinhos.*
- *Quero sentir orgulho de morar nesta rua.*
- *Obrigado por cuidar dessas coisas.*

SITUAÇÃO DE MANUTENÇÃO DA CASA: A manutenção de nossa casa está nos custando uma fortuna. Ela não foi bem construída, agora está com 10 anos, e as coisas quebram constantemente. Parece que não tem fim. *Sinto-me frustrado. Sinto-me sobrecarregado. Sinto-me desapontado. Sinto-me desanimado.*

Mas acabei de me lembrar que tenho esse Gerente Universal capaz, eficiente e disposto que trabalha especialmente para mim. Portanto, pedirei as seguintes coisas e farei o possível para me lembrar de que esse gerente é de fato muito bom e poderá efetivamente satisfazer meus pedidos:

- *Por favor, encontre um operário talentoso, versátil e que não cobre caro.*
- *Eu gostaria que ele determinasse as coisas que devem ser substituídas.*
- *Por favor, localize esses itens a um preço razoável.*
- *Quero reconhecer as muitas vantagens de morar nessa casa.*
- *Quero que os problemas da minha casa sejam eliminados.*
- *Isso é tudo por enquanto. Obrigado por cuidar dessas coisas.*

SITUAÇÃO COM FILHO ADULTO: Minha filha adulta está sempre zangada comigo. Por mais que eu faça, vive reclamando de tudo! Ando muito ocupado e tenho pouco tempo para ficar com ela, mas na verdade a convivência se torna penosa. *Sinto-me culpado. Sinto-me zangado. Sinto-me desapontado.*

Mas acabei de me lembrar que tenho esse Gerente Universal capaz, eficiente e disposto que trabalha especialmente para mim. Portanto, pedirei as seguintes coisas e farei o possível para me lembrar de que esse gerente é de fato muito bom e poderá efetivamente satisfazer meus pedidos:

- *Reforce as melhores qualidades da minha filha para mim.*
- *Reforce as minhas melhores qualidades para minha filha.*
- *Lembre a cada um de nós, diversas vezes por dia, como somos privilegiados.*
- *Organize um programa realmente maravilhoso para fazermos juntos.*
- *Cuide de alguns aspectos do meu trabalho para eu ficar mais disponível.*
- *Isso é tudo por enquanto. Obrigado por cuidar dessas coisas.*

SITUAÇÃO DE DESEQUILÍBRIO FINANCEIRO: Nunca consigo me estabilizar financeiramente. Coisas inesperadas surgem constantemente e acabo gastando tudo o que ganho e ainda entro no cheque especial. Tento controlar as despesas, mas tudo está muito caro. Minha esposa trabalha, e isso ajuda, mas, como nossos filhos estão em fase de crescimento, as despesas estão sempre aumentando. *Sinto preocupação. Sinto desânimo.*

Mas acabei de me lembrar que tenho esse Gerente Universal capaz, eficiente e disposto que trabalha especialmente para mim. Portanto, pedirei as seguintes coisas e farei o possível para me lembrar de que esse gerente é de fato muito bom e poderá efetivamente satisfazer meus pedidos:

- *Providencie um aumento no meu salário.*
- *Providencie um aumento no salário da minha esposa.*
- *Encontre cartões de crédito que cobrem taxas mais baixas.*
- *Lembre-me freqüentemente das coisas boas que tenho na vida.*
- *Faça-me admirar as maravilhas que me cercam.*

- *Oriente-nos, de alguma maneira, sobre as melhores decisões financeiras que podemos tomar.*
- *Isso é tudo por enquanto. Obrigado por cuidar dessas coisas.*

~

SITUAÇÃO AMBIENTAL: Temo que estejamos destruindo nosso planeta. O ar está poluído; a água, contaminada. Os peixes estão morrendo, e as calotas de gelo, derretendo. *Sinto culpa. Sinto raiva. Sinto insegurança. Sinto medo.*

Mas acabei de me lembrar que tenho esse Gerente Universal capaz, eficiente e disposto que trabalha especialmente para mim. Portanto, pedirei as seguintes coisas e farei o possível para me lembrar de que esse gerente é de fato muito bom e poderá efetivamente satisfazer meus pedidos:

- *Certifique-se de que os serviços planetários estejam funcionando adequadamente.*
- *Faça a nossa água voltar a ser pura.*
- *Estabeleça condições climáticas apropriadas para o Bem-Estar do planeta.*
- *Mostre-me evidências de que, apesar de tudo, o planeta vai bem.*
- *Isso é tudo por enquanto. Obrigado por cuidar dessas coisas.*

~

SITUAÇÃO DE PATRIOTISMO: Quando eu era menino, sentia orgulho do meu país. Ficava entusiasmado quando escutava canções patrióticas e adorava ouvir histórias sobre fatos que ocorreram no passado. Todavia, não sinto mais patriotismo. Não aprovo as decisões do governo. *Sinto desapontamento. Sinto culpa. Sinto raiva.*

Mas acabei de me lembrar que tenho esse Gerente Universal capaz, eficiente e disposto que trabalha especialmente para mim. Portanto, pedirei as seguintes coisas e farei o possível para me lembrar de que esse gerente é de fato muito bom e que poderá efetivamente satisfazer meus pedidos:

- *Inspire a próxima geração de líderes e os prepare.*
- *Aumente a participação dos cidadãos na vida política para que os líderes possam ouvi-los.*
- *Faça eleger líderes que sejam sensíveis aos desejos daqueles que os levaram aos altos cargos.*
- *Mostre-me coisas que inspirem orgulho por meu país.*
- *Lembre nossos líderes de que eles nos devem explicações.*
- *Isso é tudo por enquanto. Obrigado por cuidar dessas coisas.*

Quando você praticar esse processo pela primeira vez, talvez duvide de sua eficácia. É claro que se a sua dúvida for mais forte do que seu desejo, você não verá evidências de suas intenções sendo realizadas.

Se continuar a praticar o processo e entrar no espírito de delegar tarefas a esse Gerente Universal, as suas dúvidas se desvanecerão, as suas expectativas aumentarão e você receberá evidências que confirmarão o poder da sua própria mente. É excitante o dia em que você percebe conscientemente o extraordinário poder das suas intenções.

Você tem uma série de recursos ao alcance da mão, todos prontos para ajudá-lo. Você precisa apenas descobrir uma maneira de usar esses recursos, e o processo de Entregar ao Gerente é a ferramenta ideal para isso. Com o passar do tempo, esse processo mudará a sua percepção da vida – e, quando ela mudar, sua vida mudará.

Capítulo 39

Aplicando o processo de Recuperar Seu Estado Natural de Saúde

Para usar esse processo deite-se num lugar confortável – quanto mais confortável, melhor. Escolha uma ocasião em que você tenha aproximadamente 15 minutos livres, sem interrupção.

Esse processo funciona melhor se a sua variação na Escala de Orientação Emocional estiver dentro dos seguintes parâmetros:

10. Frustração/Irritação/Impaciência
11. Sobrecarga
12. Desapontamento
13. Dúvida
14. Preocupação
15. Culpa
16. Desânimo
17. Raiva
18. Vingança
19. Ódio/Ira

20. Inveja

21. Insegurança/Censura/Desvalorização

22. Medo/Sofrimento/Depressão/Desespero/Impotência

Comece escrevendo a seguinte lista e coloque-a ao alcance de sua mão. Leia-a lentamente antes de deitar.

- É natural para o meu corpo estar bem.
- Mesmo que eu não saiba o que fazer para melhorar, o meu corpo sabe.
- Tenho trilhões de células com consciência individual, e elas sabem como alcançar seus equilíbrios individuais.
- Quando esse problema começou, eu não sabia o que sei agora.
- Se eu soubesse o que sei agora, o problema não teria começado.
- Não preciso entender a causa dessa doença.
- Não preciso explicar o motivo de estar vivendo essa doença.
- Preciso apenas calmamente me livrar dessa doença.
- Não importa como ela tenha começado, porque ela está revertendo seu curso neste exato momento.
- É natural que meu corpo leve algum tempo para se alinhar com meus pensamentos de Bem-Estar.
- Não há nenhuma pressa em fazer isso.
- Meu corpo sabe o que fazer.
- O Bem-Estar é um estado natural para mim.

- Meu Ser Interior está perfeitamente ciente do meu corpo físico.
- Minhas células estão pedindo o que precisam para se desenvolverem, e a Energia Essencial está respondendo a esses pedidos.
- Estou em muito boas mãos.
- Agora vou relaxar para permitir a comunicação entre meu corpo e minha Fonte.
- Só preciso relaxar e respirar.
- Posso fazer isso.
- Posso fazer isso com facilidade...

Agora permaneça deitado, usufrua o conforto do seu lugar de descanso, relaxe o corpo e concentre-se na sua respiração – inspire e expire, inspire e expire. Não force nada. Não tente fazer alguma coisa acontecer, basta relaxar e respirar.

Você provavelmente começará a experimentar sensações suaves e delicadas no corpo. Sorria e reconheça que essa é a Energia Essencial respondendo ao pedido das suas células. Nesse momento, você está sentindo o processo da cura. Não faça nada para tentar ajudá-lo ou intensificá-lo. Apenas relaxe e respire – e permita que ele atue.

Se estiver sentindo dor quando for se deitar, siga o mesmo processo. Nesse caso seria útil acrescentar essas palavras à sua lista escrita e falada:

- Essa sensação de dor é um sinal de que a Fonte está respondendo ao pedido de minhas células.
- Essa sensação de dor é um sinal maravilhoso de que a ajuda está a caminho.

- Eu relaxarei nessa sensação de dor porque compreendo que ela é uma indicação de melhora.

Agora, se puder, adormeça. Sorria por saber que tudo está bem. Respire e relaxe – confie.

~

Situação de declínio físico: Preocupo-me com a possibilidade de meu corpo estar se deteriorando. Não tenho a mesma energia de antes, e não posso fazer as coisas de que gostava. Sinto dores no corpo. Meus joelhos doem quando caminho e não consigo correr mais. Estou apavorado com a possibilidade de piorar cada vez mais. *Sinto preocupação.*

- *Meu corpo é de carne e osso, mas ele é também vibração.*
- *A aparência do meu corpo e o que ele sente é uma conseqüência da minha vibração.*
- *Meu corpo é tal como está neste exato momento, e isso é bom.*
- *Meu corpo está continuamente mudando, e isso é bom.*
- *A minha oferta vibrátil afeta as mudanças no meu corpo.*
- *O declínio físico está relacionado à vibração, e não à passagem do tempo.*
- *Para mim, é possível, com o correr dos anos, melhorar a minha vibração.*
- *O declínio físico não é natural nem necessário.*
- *Não preciso esperar que os outros saibam disso ou o demonstrem.*
- *Posso começar agora, ou no momento que escolher, a demonstrar isso.*

- *Um deslocamento na minha vibração não terá conseqüências físicas imediatas.*
- *Um deslocamento na minha vibração terá conseqüências emocionais imediatas.*
- *Quando alcançar um deslocamento vibrátil e me estabilizar, as conseqüências se manifestarão.*
- *Estou disposto a deslocar a minha vibração e esperar pela conseqüência física.*
- *Sentir-me melhor emocionalmente será uma evidência que me confortará por enquanto.*
- *É maravilhoso encontrar e manter uma expectativa positiva.*
- *Posso sentir meu corpo se beneficiando de minha recém-descoberta tranqüilidade.*
- *Posso sentir a estabilidade do meu corpo físico.*
- *Posso sentir as qualidades vitais do meu novo alinhamento de Energia.*
- *Posso sentir que estou entrando em Equilíbrio de Energia.*
- *Posso sentir quanto o meu corpo aprecia o meu Equilíbrio de Energia.*
- *Tudo está bem comigo neste exato momento – e ficando ainda melhor.*

Se você se dispuser deliberadamente a melhorar a sua *sensação emocional* a respeito do seu corpo físico, suas condições físicas irão melhorar. Lembre-se, a manifestação sempre segue a vibração, e 99,99% de cada criação se completam antes de haver qualquer evidência física.

Concentre-se na sua Jornada Emocional, sinta uma melhora no seu estado emocional, e a Jornada de Ação virá a seguir. É a lei! Não há exceções para ela!

Capítulo 40

Aplicando o processo de Subir na Escala de Orientação Emocional

Vamos nos lembrar da Escala de Orientação Emocional:

1. Alegria/Sabedoria/Autoconfiança/Liberdade/Amor/Poder
2. Paixão
3. Entusiasmo/Ânimo/Felicidade
4. Expectativa Positiva/Crença
5. Otimismo
6. Esperança
7. Contentamento
8. Tédio
9. Pessimismo
10. Frustração/Irritação/Impaciência
11. Sobrecarga
12. Desapontamento
13. Dúvida

14. Preocupação

15. Culpa

16. Desânimo

17. Raiva

18. Vingança

19. Ódio/Ira

20. Inveja

21. Insegurança/Censura/Desvalorização

22. Medo/Sofrimento/Depressão/Desespero/Impotência

Quando você perceber que está sentindo uma emoção negativa bastante forte, tente identificar qual é o sentimento.

Esse processo de subir na Escala de Orientação Emocional pode ser usado para qualquer estado emocional, mas é sobretudo útil quando você está se sentindo particularmente mal.

Ao contemplar as duas extremidades da *Escala de Orientação Emocional*, você pode perguntar a si mesmo: *Sinto-me poderoso ou impotente?* Embora não esteja sentindo exatamente uma dessas emoções, você perceberá para qual das duas se inclina mais em determinado momento. Portanto, se a sua resposta for *impotente*, verifique as emoções mais próximas e pergunte a si mesmo: *Minha emoção se parece mais com impotência ou com frustração?* Procure então uma emoção mais próxima: *Isso se parece mais com impotência ou preocupação?* Depois de pesquisar com paciência, você acabará sabendo com precisão o que está realmente sentindo sobre a situação vivida naquele momento.

Após ter encontrado o seu lugar na Escala de Orientação Emocional, sua tarefa será tentar buscar pensamentos que lhe proporcionem uma leve sensação de alívio em relação à emoção desconfortável. Falar em voz alta ou anotar seus pensamentos ajudará. Quando fizer afirmações positivas com a Intenção Deliberada de produzir uma emoção mais confortável, você começará a liberar resistência e poderá gradativamente subir na escala vibrátil e chegar a um ponto onde o sentimento é melhor. Lembre-se, uma sensação melhorada significa uma liberação de resistência, e uma liberação de resistência significa *permitir* mais o que você de fato quer. Vá aos poucos e verifique como cada dia trará uma melhora.

Se a emoção negativa que estiver sentindo for pequena ou tiver começado há pouco tempo, você rapidamente subirá na Escala da Orientação Emocional. Mas, se estiver vivenciando algo muito sério ou que o vem preocupando há muitos anos, talvez leve até 22 dias para subir nessa Escala de Orientação Emocional. Escolha deliberadamente a cada dia uma emoção um pouco melhor. Esses 22 dias são um tempo curto para ir da *impotência à autoconfiança*, sobretudo se você se comparar com pessoas que vêm passando por estados de sofrimento, insegurança ou impotência há muitos anos.

Agora que você compreende que o seu objetivo é simplesmente alcançar uma emoção que o faça sentir-se melhor, esperamos que esse processo o livre das emoções negativas perturbadoras que vem vivenciando há anos. E quando liberar, delicada e gradativamente, a resistência que inconscientemente acumulou, você começará a experimentar melhoras graduais na sua vida... em todas as áreas que o preocupam.

SITUAÇÃO COM PAIS INTROMETIDOS: Saí de casa há cerca de 10 anos, mas minha mãe ainda acha que precisa me dizer o que fazer e, por isso, a evito. Ela fica furiosa, o que é ainda pior. E quando estamos juntos ela me trata como se eu fosse uma criança irresponsável. *Sinto culpa. Sinto raiva.*

- *Não importa o que eu faça, minha mãe nunca está satisfeita comigo.* (impotência)
- *Não quero vê-la, mas me sinto mal quando a evito.* (culpa)
- *Minha mãe sempre fica desapontada comigo.* (desvalorização)
- *Nada do que faço a agrada. Ela critica tudo.* (desvalorização)
- *Detesto estar com ela.* (ódio)
- *Quando a encontro, levo dias para me recuperar.* (ódio)
- *Já pensei em ir para bem longe, para um lugar onde ela nunca mais me visse.* (vingança)
- *Ela provavelmente ficaria contente com a minha partida.* (raiva)
- *Na realidade, não planejo ir para lugar nenhum. Mas gostaria muito.* (desânimo)
- *Eu gostaria de achar uma maneira de me afastar daqui e de minha mãe.* (desânimo)
- *Eu me sinto mal por rejeitar tanto minha mãe.* (culpa)
- *Seria bom se ela fosse diferente.* (desapontamento)
- *Há coisas demais, em tantos níveis, erradas no nosso relacionamento.* (sobrecarga)
- *Ela me culpa por todos os nossos problemas.* (frustração)
- *Ela é simplesmente assim, e não acredito que mudará um dia.* (pessimismo)
- *Eu deveria simplesmente aceitar que essa é a sua maneira de ser.* (contentamento)
- *Não sou o único que a acha difícil.* (contentamento)

- *Talvez, quando estivermos mais velhos, possamos nos entender melhor.* (esperança)
- *Talvez eu chegue a um ponto em que as intromissões e críticas de minha mãe não me incomodem mais.* (esperança)
- *Realmente quero amar minha mãe.* (esperança)
- *Quero que minha mãe me ame.* (esperança)
- *Sei que ela sente algum amor por mim.* (esperança)
- *Sei que ela acha que está me ajudando.* (esperança)
- *Ela tem boas intenções, mas é desorientada.* (otimismo)
- *Eu simplesmente deveria me desapegar.* (otimismo)
- *Seria maravilhoso se eu conseguisse me desapegar.* (ânimo)
- *A minha vida é boa em quase todos os aspectos.* (entusiasmo)
- *Vejo que tenho uma vida ótima e que sou bem-sucedido.* (entusiasmo)
- *Tenho a capacidade de me sentir bem, apesar de tudo.* (autoconfiança)
- *Não dependo de minha mãe para me sentir bem.* (autoconfiança)
- *Minha mãe me deu à luz nesse corpo maravilhoso e nessa fantástica experiência de vida.* (valorização)
- *Deus a abençoe. Eu lhe dei bastante trabalho.* (amor)
- *Adoro a minha vida. Sinto-me muito contente por estar aqui.* (valorização)
- *São tantas as coisas que quero fazer.* (alegria, paixão)

SITUAÇÃO DE SEGURANÇA FINANCEIRA: Meu marido e eu trabalhamos a vida inteira e economizamos o suficiente para garantir uma aposentadoria confortável. Nosso filho, que trabalha como corretor de títulos, ofereceu-se para investir o dinheiro de nossa poupança, prometendo multiplicá-lo. Nós lhe entregamos todo o nosso dinheiro e, infelizmente, perdemos tudo o que conseguimos guardar durante a vida. *Sinto preocupação. Sinto desânimo. Sinto culpa. Sinto raiva. Sinto insegurança. Sinto medo.*

- *Nossas economias desapareceram e não temos como acumulá-las outra vez.* (medo)
- *Levamos toda uma vida economizando e apenas alguns dias para perder tudo.* (sofrimento)
- *Não é justo que algumas pessoas enriqueçam enquanto pessoas como nós perdem tudo.* (ódio)
- *Espero que a bolsa de valores quebre e que elas também percam tudo.* (vingança)
- *É ultrajante que tantas pessoas sejam negativamente afetadas.* (raiva)
- *Deveria haver uma proteção razoável contra coisas assim.* (desânimo)
- *Não deveríamos ter confiado nas pessoas que estavam orientando nosso filho.* (culpa)
- *Elas só estão interessadas nas suas comissões e não se preocupam com os clientes.* (culpa)
- *Não temos como nos proteger de coisas assim.* (dúvida)
- *Estávamos entusiasmados com a perspectiva de uma aposentadoria confortável.* (desapontamento)

- *Temos tanto a fazer e tão pouco tempo para fazer o que é necessário.* (sobrecarga)
- *Acho que a maioria das pessoas simplesmente desiste e aceita qualquer coisa que lhes aconteça.* (pessimismo)
- *Estamos, no entanto, em situação melhor do que muitas pessoas.* (contentamento)
- *Nossa casa está quitada e amamos morar nela.* (contentamento)
- *Nós dois gostamos de trabalhar.* (contentamento)
- *Existem muitas opções de trabalho para nós.* (esperança)
- *Já enfrentamos problemas financeiros antes e conseguimos recuperar nosso padrão de vida.* (expectativa positiva)
- *Temos energia para enfrentar a crise.* (expectativa positiva)
- *Embora tenhamos perdido nossas economias, não perdemos nossa experiência.* (crença)
- *Essa experiência nos deixou mais fortes e seguros.* (expectativa positiva)
- *Será divertido ver o que o futuro nos trará.* (entusiasmo)
- *Esse desafio nos deixa mais vivos e determinados do que antes.* (ânimo)
- *Sinto um novo ânimo borbulhando dentro de mim.* (autoconfiança)
- *Sei que tudo dará certo.* (sabedoria)
- *Sempre encontramos uma maneira de resolver as coisas.* (sabedoria)
- *Sempre fomos incrivelmente abençoados.* (valorização)

SITUAÇÃO DE LUTAS E FOME: Nosso mundo está um caos. Há muitas guerras, conflitos e pessoas sofrendo. Não compreendo como, com o avanço da tecnologia e tantos recursos, milhares de seres humanos ainda passam fome. Creio que já deveríamos ter encontrado soluções. *Sinto desânimo. Sinto culpa. Sinto raiva.*

- *Temos tecnologia suficiente para alimentar o mundo. Por que não estamos fazendo isso?* (raiva)
- *Eu doaria parte do meu dinheiro, mas não acredito que aqueles que precisam venham a recebê-lo.* (desânimo)
- *Há milhões de pessoas sofrendo.* (preocupação)
- *Não vejo qualquer melhora a caminho.* (dúvida)
- *Há muita desorganização e descaso diante de tanta necessidade.* (sobrecarga)
- *Não acredito que alguém realmente se importe.* (pessimismo)
- *Estou cansado de pensar nisso.* (tédio)
- *Certamente existem pessoas dedicadas e generosas.* (esperança)
- *Até o meu país está conjugando desenvolvimento com preocupação social.* (otimismo)
- *Outras nações podem imitar nosso exemplo.* (expectativa positiva)
- *Quero que as pessoas prosperem e sejam felizes no mundo inteiro.* (ânimo)
- *Quero viajar e explorar este mundo incrível.* (entusiasmo)
- *Quero provar a mim mesmo que o Bem-Estar de fato domina neste planeta.* (ânimo)

- *Adoro a meu país e a vida que estou levando.* (valorização)
- *Fico feliz em saber que posso controlar minha vida ao oferecer deliberadamente pensamentos positivos.* (liberdade/autoconfiança/alegria)
- *É gratificante saber que todos nós podemos criar as vidas que escolhemos.* (sabedoria)

Capítulo 41

A importância da utilização desses processos

É fundamental que você compreenda claramente, ao ler os processos que acabamos de oferecer, a sua verdadeira tarefa como Criador Intencional: colocar a Energia do *seu* Ser em alinhamento.

Em todos os exemplos oferecidos aqui, e nas experiências da sua própria vida, quando você sente uma emoção negativa o significado é sempre o mesmo: dentro de você há um desejo pulsando ao qual está resistindo e, assim, impedindo que ele se torne realidade. Existe em você uma vibração contraditória que está ativa. Esses processos foram oferecidos para lhe ensinar como reduzi-la.

É provável que você tenha aplicado em sua vida alguns dos processos sem obter os resultados esperados. Ou que tenha duvidado da sua eficácia. *Não vejo como esse processo vai parar o derretimento das calotas polares... ou fazer meu vizinho se livrar dos carros decrépitos estacionados em frente à casa dele...*

Mas não perca de vista a sua verdadeira tarefa: obter o equilíbrio de Energia entre as suas mais freqüentes vibrações ativas (crenças) e seus desejos (intenções). A sua felicidade não pode depender do que seu vizinho, seu governo ou sua mãe faz. Não pode depender do derretimento das calotas. Você precisa assumir o controle da relação vibrátil entre seus desejos e suas crenças se quiser ser de fato um Criador Intencional e efetivamente alcançar seus próprios objetivos e desejos, vivendo com alegria.

Não subestime o poder do Alinhamento de Energia. Os mestres de suas sociedades e os gênios criativos das suas civilizações encontraram esse alinhamento. Há uma substancial diferença entre as palavras "acredite em seus sonhos" e estar realmente em alinhamento vibrátil com seus sonhos. Suas palavras não são o seu ponto de atração – mas a sua vibração é.

Se deliberadamente aplicar esses processos com a intenção de colocar as vibrações do seu Ser em alinhamento, eles o tornarão poderoso. Ao fazer isso você se tornará o alegre Criador Intencional da sua própria experiência.

Capítulo 42

Noventa e nove por cento de qualquer criação são concluídos antes que você observe qualquer evidência dela

Você agora está consciente de que é somente você quem atrai ou cria a sua própria experiência. Acreditamos que já compreende, com mais clareza do que antes, como é que cria, porque passou a perceber que está continuamente transmitindo um sinal vibrátil, que é o seu *ponto de atração*.

Esperamos que você também esteja consciente da existência do Sistema de Orientação Emocional que indica o relacionamento vibrátil entre o seu pensamento direcionado em determinado momento e a vibração do seu desejo. Você pode literalmente sentir quando está se aproximando ou se afastando da coisa desejada e pode sentir também quando está se aproximando ou se afastando de alguma coisa indesejada.

Ficamos contentes por você agora compreender, ou pelo menos estar começando a compreender, que pode iniciar qualquer jornada a partir de onde está para onde deseja ir. A sua jornada para o sucesso, seja ele qual for, não precisará nunca mais ser confusa ou desconcertante, porque sinais emocionais claros estarão presentes para conduzi-lo para tudo o que você deseja.

Todos os seus dias serão formados por momentos estimulantes e interessantes, por pensamentos provocadores que o levarão, esteja você consciente ou não do que está fazendo, a emitir sinais vibráteis que são lançados para o seu futuro. Esses sinais vibráteis são responsáveis por tudo o que lhe acontece.

Qualquer circunstância, um acontecimento, um encontro com qualquer pessoa – tudo o que vivencia é causado por aquilo que você vem pensando, indagando, ponderando, lembrando, observando, considerando e imaginando. Você está literalmente concebendo a criação da sua vida.

Ficamos extremamente satisfeitos por você agora compreender a importância de tomar consciência das suas emoções, porque elas o ajudam a perceber – enquanto você está lembrando, ponderando, observando ou imaginando – se está construindo o seu futuro com alguma coisa de que gostará ou com algo de que não gostará. E como 99% de cada criação são concluídos antes que você seja capaz de observar qualquer evidência física dela, é extremamente importante compreender a cada momento o que suas emoções estão lhe dizendo sobre a direção de seus pensamentos.

Ao utilizar o seu Sistema de Orientação Emocional, você poderá direcionar seus pensamentos para coisas agradáveis *antes de elas* se manifestarem. Se esperar que uma manifestação ocorra para então começar a redirecionar seus pensamentos, o processo ficará muito mais difícil, porque quando uma coisa indesejada se manifesta é muito mais trabalhoso concentrar-se naquilo que é desejado.

Quando em determinado momento você aceita que está no processo de criar coisas que se manifestarão na sua experiência e que está deliberadamente *direcionando seus pensamentos para idéias que o façam sentir-se bem, a sua experiência futura estará repleta de experiências que o encantarão quando se manifestarem fisicamente.*

Este livro foi escrito para ajudá-lo a ter uma percepção consciente das coisas que ainda não vê, mas que está no processo de criar. Não acreditamos que você deliberadamente escolheria atrair um câncer, um acidente de carro, um desastre financeiro ou um divórcio para a sua experiência. Mas, como tantos pensamentos sobre essas questões ocupam freqüentemente sua mente sem que tome consciência de que os está oferecendo, muitas vezes você se surpreende quando uma coisa indesejada ocorre. Às vezes ela parece ter saído do nada. Mas ela não saiu do nada e não ocorreu instantaneamente. Ela aconteceu, finalmente, depois que os muitos pensamentos que você irradiou encontraram equivalentes vibráteis.

Agora, depois de ler este livro, você não se surpreenderá mais quando coisas boas ou más se manifestarem. Porque esperamos que sempre que se concentrar num pensamento você estará consciente da emoção correspondente e saberá se ela indica que está se aproximando ou se afastando daquilo que quer. Daqui em diante, desejamos que você tome ciência do relacionamento vibrátil entre o seu *agora* e a sua *futura* criação.

Você sabe que se encontra na extremidade da Escala de Orientação Emocional que indica paixão, alegria, valorização e amor porque percebe sua autoconfiança e liberdade. E sabe que se encontra na extremidade que indica depressão e medo porque percebe sua perda de autoconfiança e seu aprisionamento.

Você agora compreende que a única coisa que pode impedi-lo de ter a alegre abundância de todas as coisas boas que deseja é a sua própria oferta vibrátil que o leva em direção oposta a essas coisas.

Você agora sabe que suas emoções maravilhosas o estão ajudando a estabelecer sua rota sobre todos os assuntos e que, ao seguir a trilha povoada por emoções cada vez mais agradáveis, você lançará foguetes vibráteis para o seu futuro, e este lhe trará um constante fluxo de criações adoráveis.

Agora, quando sentir a frustração aumentar – ou a impaciência ou a raiva surgir –, você será capaz de constatar e refletir: *Qual é a vibração que estou lançando neste momento? Vou parar um instante, redirecionar meus pensamentos e mudar o curso de minha provável manifestação. Não vou deixar meus pensamentos me dominarem – apoiados pela Lei da Atração – e simplesmente viver as conseqüências da falta de controle e de rumo dos meus pensamentos.*

Embora você possa mudar qualquer experiência a qualquer momento, mesmo depois que ela se manifesta nós o incentivamos a efetuar essa mudança enquanto a experiência está sendo vibratilmente formada – porque é muito mais fácil. Sobretudo, queremos que você considere os milhões e milhões de momentos da sua verdadeira experiência de vida que podem estar lhe fazendo se sentir bem *neste momento.*

Sim, é claro, a manifestação virá, boa ou má. Desejada ou indesejada, ela está a caminho. Mas a sua vida se encontra no *agora*, as suas emoções estão no *agora* e a maneira como você está se sentindo se encontra no *agora*. Direcione seus pensamentos para melhorar o seu momento *atual* – e as manifestações cuidarão de si mesmas.

A partir de nosso ponto de vista Não-Físico, nós gostamos muito de observar a vida de vocês desabrochando. Se você pudesse ver o seu futuro como nós o vemos, perceberia que há coisas, desejadas e indesejadas, que estão se formando neste exato momento, bem à sua porta. E hoje, amanhã ou depois de amanhã, irá acrescentar mais um pensamento, mais uma vibração direcionada para o que já está no futuro que causarão o ponto de inclinação ou manifestação para você. Portanto, realmente vale a pena sintonizar o seu glorioso Sistema de Orientação Emocional para se conscientizar do que está prestes a se manifestar.

Você veio ao mundo nesse corpo, voltado para essa realidade tempo-espaço, porque adora criar. Para você, em todo o Universo não há nada mais agradável do que moldar, com o poder da sua própria concentração, a Energia que cria mundos.

Você não veio ao mundo para remendar um mundo quebrado, porque o seu mundo não está quebrado.

Você não veio ao mundo para ajudar os outros a verem os erros de seus caminhos e redirecioná-los.

Você não veio ao mundo para obter a aprovação de outras pessoas.

Você veio ao mundo para sentir, com excitação, as suas próprias preferências nascerem. Veio ao mundo compreendendo que poderia então sentir o relacionamento vibrátil entre o seu novo desejo e a sua atual perspectiva e ansiosamente aguardar o processo de equilíbrio de Energia desses dois pontos vibráteis.

É claro que você aguardava com ansiedade a manifestação das suas criações, mas a sua verdadeira ênfase sempre esteve nos 99% da criação que ocorrem antes da manifestação. *A excitação causada por uma manifestação, seja qual for a criação, é apenas uma breve excitação que rapidamente se torna a plataforma a partir da qual você lançará as suas próximas criações. Mas a sua vida é de fato os 99% da criação que ocorrem* antes *da manifestação.*

- *Hoje, não importa aonde eu esteja indo, não importa o que eu esteja fazendo, não importa com quem eu esteja fazendo... nada é mais importante do que me sentir bem.*

- *Hoje procurarei aquilo que estou querendo ver.*

- *Eu sou o criador da minha própria realidade.*

- *Neste exato momento, buscarei o pensamento que me traga o máximo de bem-estar que eu puder obter.*

- *Pensamento por pensamento e sentimento por sentimento, direcionarei as vibrações da minha mente para o alinhamento.*

- *Sentirei a verdadeira essência vibrátil do meu Ser e direcionarei todos os meus pensamentos para o alinhamento vibrátil, porque este é o verdadeiro significado do equilíbrio de energia.*

Capítulo 43

O extraordinário Poder da Intenção

Escrevemos este livro em resposta às suas perguntas, porque você quer compreender quem é de fato e como se encaixa na estrutura maior. Você quer compreender o propósito dessa experiência de vida e como pode realizar melhor o motivo para estar aqui nesse corpo, nesse momento.

Queremos que se lembre de que é um Criador Eterno que veio ao mundo para vivenciar a alegre expansão do seu Universo. Queremos que não se esqueça do seu valor, que conheça o seu mérito e que ame a sua vida.

Podemos sentir o extraordinário poder da sua intenção de compreender como criar deliberadamente a sua própria realidade. Você literalmente nos chamou para ajudá-lo a lembrar quem você é e do que de fato sabe.

Para você, não há nada mais importante nem mais satisfatório, do que entrar em alinhamento intencional com a sua Fonte. Reconhecer a Energia da sua Fonte e deliberadamente alinhar-se com ela é a mais completa experiência de felicidade. Esse é o verdadeiro significado de *equilíbrio de energia*, e essa é a parte mais importante da sua experiência de vida.

Quando está em alinhamento vibrátil com a sua Fonte, você pode senti-lo – na sua alegria, no seu amor, na sua exuberância e na sua paixão.

Neste livro, você foi apresentado a vários processos ou métodos.

Você não precisa tentar aplicá-los todos, nem mesmo a maioria deles, porque eles são oferecidos pela mesma razão, e cada um é poderoso por si só. *Quando cada processo for aplicado, provocará a vibração de seu Ser e o levará a entrar em um alinhamento maior com quem você realmente é. Cada processo lhe proporcionará o sentimento de alívio que indica a liberação da resistência. Cada processo o ajudará a equilibrar a sua Energia. Cada processo o ajudará a encurtar o tempo entre o lugar onde você está neste momento e o lugar onde realmente deseja estar.*

Não dificulte a aplicação desses processos. Escolha um que seja mais atraente e use-o enquanto ele lhe parecer agradável. Depois, escolha outro, e mais outro. O importante é lembrar que quanto melhor se sentir em qualquer momento ao longo do tempo, mais em alinhamento com a sua Fonte e com seus desejos você estará. E nada é mais importante do que sentir-se bem.

Esperamos que este livro o tenha libertado da única coisa que o poderia reter ou fazê-lo achar que não está livre, porque o único cativeiro que de fato existe é a *percepção* de impotência. Você só fica impotente quando não está em alinhamento com seu poder, e somente você possui a chave para esse alinhamento. Ninguém pode tirá-la. Só você pode segurá-la.

Portanto, a sua tarefa, a sua única tarefa (mas é uma tarefa permanente, porque não pode ser concluída), é uma constante percepção do relacionamento vibrátil entre seu foco a cada momento e o foco de seu Ser Interior no mesmo momento.

O seu Ser Interior conhece suas esperanças e seus sonhos e está concentrado neles. Quando não consegue se concentrar neles, *você* sente a resistência. O seu Ser Interior conhece o seu valor e o seu mérito; quando se vê de outra maneira, *você* sente a resistência. O seu Ser Interior espera o seu sucesso; quando não age assim, *você* sente a resistência. O seu Ser Interior aprecia o contínuo processo de expansão; quando fica impaciente, *você* sente a resistência. O seu Ser Interior sabe que você é Eterno; quando acha que não tem tempo suficiente, *você* sente a resistência. O seu Ser Interior sabe que não há limites para a sua capacidade de criar; quando se sente depreciado, *você* sente a resistência. O seu Ser Interior adora os outros que compartilham o seu planeta; quando os critica, *você* sente a resistência. O seu Ser Interior sabe que todos têm acesso a esse mesmo poder; quando se responsabiliza pela vida dos outros, *você* sente a resistência.

Portanto, selecione e escolha um dos processos que oferecemos e lembre-se de que não existe uma maneira correta de efetuar esse alinhamento. Pratique o processo, seja flexível, tente o máximo que puder e não julgue os resultados. Decida apenas que, não importa qual seja o assunto – do passado, do presente ou do futuro –, é preciso que você o aborde de uma maneira que o faça sentir-se melhor. Com essa decisão, a sua vida imediatamente se voltará para a direção da prosperidade e do Bem-Estar.

Em resposta ao que temos ouvido de muitas pessoas, escrevemos este livro com o objetivo de ajudá-lo a compreender as seguintes coisas extremamente importantes:

- Você é antes de tudo um Ser Vibrátil e vive num Universo Vibrátil.
- As vibrações desse Universo são primorosamente administradas pela poderosa Lei da Atração.
- Você não pode parar de oferecer vibrações continuamente.
- A Lei da Atração torna fácil para você adquirir hábitos ou padrões de oferta vibrátil.
- O ato de observar as pessoas que o cercam influencia as suas ofertas vibráteis.
- A observação da sua própria experiência de vida influencia a sua oferta vibrátil.
- A maioria das pessoas oferece vibrações por inércia, apenas em resposta ao que estão observando.

- As vibrações que você oferece são o seu ponto de atração.
- O que você pensa, as vibrações que oferece e o que está vivenciando sempre se equivalem.
- Não importa as palavras que usa – "Estou focalizando; estou pensando; estou lembrando; estou ponderando; estou observando; estou imaginando; estou sonhando" –, você oferece vibrações e a Lei da Atração responde a elas.
- Quanto mais atenção você dedicar a qualquer pensamento, mais dominante ele se tornará na sua vibração.
- A sua experiência de vida reflete apenas os seus pensamentos.
- Você é o criador da sua própria realidade.
- Todas as vezes que dedica sua atenção a uma coisa, ativa a vibração dela em você.
- Quanto mais atenção você dedica a qualquer pensamento, mais ativo ele se torna na sua vibração, até tornar-se uma vibração dominante ou um participante dominante no seu ponto de atração.
- Essas vibrações dominantes são a base de tudo aquilo que está vivenciando e de tudo em que você acredita.
- Uma crença é apenas um pensamento que você tem continuamente.
- Através de muita vivência, muita observação e muita concentração de pensamento, você atrai o equivalente físico.
- Noventa e nove por cento de toda criação são concluídos antes que você possa ver qualquer evidência física da manifestação.
- Neste exato momento, como conseqüência dos seus pensamentos, seu futuro está cheio de possíveis manifestações.
- Algumas dessas manifestações lhe agradarão quando ocorrerem, mas outras não.

- É muito mais fácil mudar o curso da sua vibração para a direção daquilo que você deseja *antes de* uma manifestação ocorrer.
- Há muitas coisas que você deseja, e seu Sistema de Orientação Emocional o ajudará a continuar se aproximando dessas coisas desejadas.
- Você precisa encontrar uma maneira de desativar a sua vibração em relação às coisas indesejadas que estão se aproximando tanto do seu futuro imediato quanto do distante.
- A desativação de vibrações desejadas é igual ao processo de ativação de vibrações desejadas.
- Você não pode ativar algo desejado e algo indesejado ao mesmo tempo. São as suas emoções que vão lhe mostrar claramente o rumo que está tomando.
- Ao buscar os pensamentos que o fazem se sentir bem em relação a qualquer assunto, em qualquer ocasião, você estará cuidando do relacionamento vibrátil entre seus pensamentos atuais e os pensamentos da sua Fonte.
- Portanto, enquanto estiver vivendo o dia de hoje, lembre-se de que está criando a sua própria realidade. Sinta as emoções que percebe conscientemente e reconheça a enorme importância que elas têm para você.
- Não importa qual seja a emoção, boa ou má, suave ou forte, orgulhe-se por percebê-la e entender seu significado. Reconheça que ela é um indicador vibrátil que mostra o seu alinhamento com a sua Fonte e seus desejos.
- Não importa qual seja a atual emoção dentro de você, sinta-se contente por percebê-la e saber que, em qualquer circunstância, você poderá escolher pensamentos que melhorem a sua emoção e contribuam para a relação vibrátil entre você e Você.

- Veja-se como Energia.
- Veja a sua Fonte como Energia.
- Esteja sempre atento ao relacionamento vibrátil entre essas Energias.
- O equilíbrio da Energia do seu Ser não é seu para sempre. Ele existe, mas pode deixar de existir. Você pode sempre sentir o seu alinhamento ou o seu desalinhamento, o seu equilíbrio ou o seu desequilíbrio, a sua Conexão ou a sua falta de Conexão, a sua permissão ou a sua proibição a essa Conexão.
- Você é a Energia Essencial nesse corpo físico, e a sua vida deve ser boa.
- Você tem valor. Você é abençoado. Você é criador.
- Sua vida não acaba. Nunca!

Queremos expressar nosso reconhecimento pelo valor da sua vida. Desejamos que você aceite o ponto onde se encontra em relação a qualquer assunto em sua vida e compreenda que, a partir deste ponto, pode ir a qualquer lugar que escolher. Se criticar sua atual posição ou sentir culpa em relação a ela, o futuro lhe oferecerá pouca ou nenhuma mudança. Mas, quando você minimizar o seu desconforto e procurar melhorar mesmo um pouco a maneira como se sente, a sua vibração começará a se deslocar, a Lei da Atração ajudará a energia a prosseguir e você poderá chegar aonde deseja num muito breve espaço de tempo.

Não se empenhe demais. Brinque com isso. Diga a si mesmo todos os dias: *Nada é mais importante do que a sensação de bem-estar. Quanto melhor eu me sentir, mais estarei permitindo que todas as maravilhosas coisas da vida fluam para mim.*

Há um grande amor para você aqui.

E, por enquanto, este livro está concluído.

INFORMAÇÕES SOBRE OS PRÓXIMOS LANÇAMENTOS

Para receber informações sobre os lançamentos da Editora Sextante, basta cadastrar-se diretamente no site www.sextante.com.br

Para saber mais sobre nossos títulos e autores, e enviar seus comentários sobre este livro, visite o nosso site www.sextante.com.br ou mande um e-mail para atendimento@esextante.com.br

Editora Sextante
Rua Voluntários da Pátria, 45 / 1.404 – Botafogo
Rio de Janeiro – RJ – 22270-000 – Brasil
Telefone (21) 2286-9944 – Fax (21) 2286-9244
E-mail: atendimento@esextante.com.br